The Korean Martial Art

Traditonal Sport
TAEKKYEON

전통스포츠 택견

【KOREAN-ENGLISH】 by Yeongman Kim

Taekkyeon is Rhythm
Taekkyeon is Friendship
Taekkyeon is Powerful
Taekkyeon is Communication

서 문

　이 저서는 기존에 출판한 "스포츠 택견"을 수정 보완하여 "전통 스포츠 택견"의 개정판을 출간하게 되었다.

　택견은 예로부터 무예성과 놀이성의 양면성을 지닌 무예로 전해지고 있다. 과거 택견은 평시(平時)에는 놀이의 수단으로, 전시(戰時)에는 전쟁의 수단이 되는 상무적 전통놀이로 전해지고 있다. 특히 상무적 전통놀이 택견과 석전(石戰)은 한마당에서 편싸움으로 성행하였음이 고문헌에 기록되어 있다.

　과거 전쟁으로 시작된 무예는 현대화를 거치면서 올림픽 종목으로 진출하고 있다. 명치유신이후 가노오지고로는 유도를 무술에서 스포츠화를 통해서 올림픽 경기종목으로 탈바꿈하였다. 뿐만 아니라 동양의 다양한 무술들이 스포츠화의 성공으로 전 세계인이 즐기는 스포츠로 각광받고 있다.

　택견은 구한말시기까지 '결련택견', 즉 편싸움으로 성행하였으나 일제강점기를 거치면서 서서히 잊혀졌다. 하지만 1983년 무형문화재 지정과 1984년 부산에서 택견 중흥운동을 주창하며 설립된 한국전통택견연구회를 모체로 1985년 제1회 전국택견경기회를 개최, 1991년 사단법인 대한택견협회가 설립되었다. 택견을 국민체육으로 육성하고 올림픽 종목으로 발전시키고자 하는 목표를 세우고 노력하였다. 1990년 대한체육회 가맹신청, 2001년 인정단체, 2003년 준 가맹단체, 2007년 2월 26일 대한체육회 정식가맹 단체로 가입하였다. 2008년 전국체육대회 동호인 종목참가를 시작으로 2011년 제92회 전국체육대회부터 시범종목으로 채택. 2020년 정식종목으로 채택되었다.

본서는 저자가 기존에 출판하였던 「택견 겨루기 總書」등 여러 저서들을 기반으로 정리한 전통스포츠 택견을 소개하는 한-영 개요서이다. 따라서 이 책은 택견을 배우고자 하는 한국인들뿐만 아니라, 외국인들도 쉽게 택견을 이해하고 배울 수 있는 지침서가 될 것이다.

송덕기 선생의 소중한 택견 기술을 택견사에기록할 수 있도록 사진을 남겨주신 김수 총재님(Grandmaster Kim Soo)께 감사드리며, 그의 제자 Alberto Borjas Sabeom 사범님께도 감사드립니다.

이 책이 출판될 수 있도록 도와주신 많은 분들께 감사의 말씀을 드린다. 택견의 현대화 작업을 통해 스포츠 택견으로 재탄생시킨 이용복 총사님과 병고에도 택견의 과거와 현재 그리고 미래를 함께 고민해주신 권찬기 선생님께 감사드립니다. 특히, 영문 교정을 위해 도움을 준 미국인 제자 Michael Pederson에게 고마움을 표하며, 또한 출판을 도와주신 도서출판(주) 글샘 이기철 대표님께도 감사드린다.

과거의 전통을 간직하는 것도 중요하지만 현대화를 통한 스포츠화는 미래에 세계인들이 즐길 수 있는 국제스포츠로 발돋움하기 위한 필수적인 과정이다.

택견인의 시각에서 본 전통스포츠 택견을 통해 과거와 현재 그리고 미래를 관통하는 중대한 택견경기의 흐름을 꿰뚫어 보고, 그 흐름 속에 숨은 실체에 좀 더 가까이 다가가길 바란다.

2021. 11. 15
무예연구가 김 영 만 박사

CONTENTS

1. 택견의 역사 History of Taekkyeon ·· 1
2. 택견의 경기방법 Competition Method of Taekkyeon ················· 31
3. 택견의 기술원리 Principles of Taekkyeon Techniques ············· 39
4. 택견에 내재한 기합의 의미 The Inherent Meaning of Taekkyeon's Kihap(Shout) ··· 51
5. 택견의 가치 The Value of Taekkyeon ·· 57
6. 택견의 훈련방법 Training System of Taekkyeon ······················ 65
   1) 앞엣거리 Apet Geori (individual warm up and practice of basic techniques) ··· 68
   2) 기본거리(기본기술) Gibon Geori (Basic Techniques) ············· 74
7. 겨루기 기술훈련의 실제 Training for Gyeorugi (Free Fighting) ····· 103
   1) 품밟기의 적용 Pumbalpgi Applications ································· 105
   2) 공격연결기술 Combinations for Attack ······························· 106
   3) 되받기 Doebatgi (Counters) ·· 117
8. 택견의 경기 규칙 Competition Rules for Taekkyeon ················ 127
   1) 경기장 Stadium ·· 129
9. 심판 수신호 Referees's Hand Signals ··· 139
   1) 경기진행 Game in progress ··· 141
   2) 반칙 선언 Calling a Foul ·· 146
   3) 반칙을 표시하는 신호 Signal to indicate Fouls ················· 148
   4) 승부 판정 Winner declaration ··· 156

1. 택견의 역사
History of Taekkyeon

"*Daekwaedo*" by Yusook, a painter of the Joseon Dynasty, 19th century.

수박手搏과 수박희手搏戱는 엄연히 무예武藝와 경기競技 혹은 유희遊戱 개념으로 구분되는 중층구조로 발전해 오면서 민중의 심신단련과 놀이 문화로 스며들어 오랜 세월 이어져 왔으며 조선조 후기에는 '수박'이 라는 일반명사로 통일되었다. 무예로서의 수박은 현재 택견 기술 중 옛법이라는 이름으로 남아있는 살상기술을 포함하는 손질과 곧은발질 이며, 수박희는 현재 이루어지고 있는 택견경기로 해석할 수 있다.

수박과 수박희의 과거 기록에서의 정확한 의미와 그 의미가 민중 속에서 어떻게 변화하여 현재의 택견에 이르게 되었는가 하는 점을 이해하기 위해 역사 기록물의 하나하나를 세분화하여 분류하였다.

정조 22년 이만영의 『재물보才物譜』(1798)와 안확安廓의 『조선무사영 웅전朝鮮武士英雄傳』(1919) 등에 수박手搏, 手拍과 택견의 상관성을 기록하 고 있다.

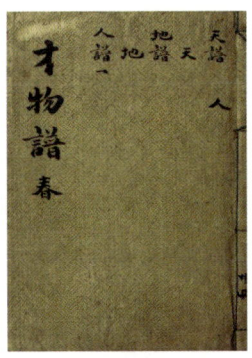 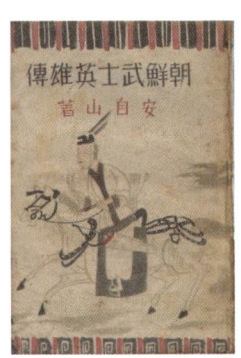

「재물보」   「조선무사영웅전」

서울대학교 규장각에 소장하고 있는 『재물보』의 「기희조技戱條」에 씨름, 탁견, 슈벽 등에 대해서 [그림 1]과 같이 기록하고 있다.

[그림 1] 「재물보」의 「기희조」에서 일부 발췌

角觝 漢武帝始作著牛頭俱相當角力

捽挍 씨름 迭挍 還挍 仝

卞 手搏爲 卞 角力爲武 若今之 탁견

厮撲 捽挍之類亦 탁견

手搏 仝 今之슈벽維興此不同面當用此字

안자산安自山의 『동아일보』(1930.4.30.) 「奇絕壯絕하든 朝鮮古代의 體育」에 유술柔術, 수박, 수박희, 택견 등에 대해서 다음과 같이 기록하고 있다.

柔術의 始初는 高麗中期에 난듯한 바 第十五代 肅宗王時부터 百戲가 盛豊하야 音樂과 竝進한 것이다. 忠惠王時에는 柔道의 流行이 大興하야 이때에는 이것을 手搏 或은 拳法이라 하얏다.

王이 常春亭 또는 馬巖 等地에 恒常 擧動하야 手搏戲를 御覽하고 仁宗時에는 武士의 勢力이 騰揚되어 鄭仲夫가튼 이는 이것으로써 놀이의 一科로 삼아 軍人의 常藝로 行하고 李義旼가튼 이는 手搏에 有名하야 高官에 超昇하얏다.

이 柔術은 自來로 拳搏이라도 하고 角觝라 又는 相撲이라도 하야 서로 뒤석근 名稱으로 記錄하얏스나 後日에는 技術의 發達로 因하야 씨름과는 裡許(이허)가 다르게 되니 씨름은 오즉 肉搏으로서 角鬪에 불과한 것이오 柔術은 人體의 筋肉의 三處血脈을 搏하야 死키도 하고 暈(훈, 휻)키도하고 啞(아)키도 하는 바의 三法이 잇스니 그 例는 下圖과 가타 古記錄에 써잇는 것과 다름 업는 것이다.

 其搏人必以其穴, 有暈穴有啞穴有死穴, 其敵人相其穴而輕重擊之, 或死或暈或啞, 無毫髮爽者[1]

近來에도 靑年들이 씨름보다 小異한 搏戲(박희)를 行하든바 所謂 『택견』이라 한 것이 그 種絡이다. 이 柔道는 近年에 와서 退步한 形止에 이를엇스나 高麗時代에 잇서서는 크게 發達하야 五月五日에는 依例件 平民 又는 兵卒間에서 行한 것이다. 正宗(正祖의 오식)時에 編輯한 『武藝通志』에는 그 法의 科目을 年則으로 設하니 그 術은 卽 二十五法이 잇고 其外 祕法 十種이 잇다. 그 祕法은 今에 詳考키 未及하나 그 二十五法이란 것은 身法 手法 脚法을 主로 하되 飛騰 顚起倒挿 披劈橫拳 活捉朝天 等으로 變化無窮하고 微妙莫測 窈焉冥焉 하다 한 것이며 그 終條理를 캐서 말하면

---

[1] 사람을 잡을 때 반드시 그 혈을 잡아야 하니, 훈혈, 아혈, 사혈이 있다. 적을 대하여 그 혈을 대하여 세거나 가볍게 치면 혹은 죽고 혹은 暈(혼미해짐)하고 혹은 啞(병어리가 됨)한다. 털끝만큼이라도 성할 사람이 없다.

一. 探馬勢　二. 拗鸞肘勢　三. 懸脚許餌勢　四. 順鸞肘勢　五. 七星拳勢　六. 高四平勢　七. 倒揷勢　八. 一霎步勢　九. 拗單鞭勢　十. 伏虎勢　一一. 下揷勢　一二. 堂頭砲勢　一三. 旗鼓勢　一四. 中四平勢　一五. 倒騎龍勢　一六. 埋伏勢　一七. 五花纏身勢　一八. 雁翅側勢

一九. 跨虎勢　二十. 丘劉勢　二一. 擒拿勢　二二. 拋架勢　二三. 拈肘勢　二四. 絞項　二五. 倒擲勢　等으로 定한 것이다.

此等의 術法은 上에 말함과 가티 高麗時에 行한 것이로되 李朝 等內에 와서는 壬辰亂에 際하야 韓嶠[2]란 이가 이것을 復活하야 人民을 敎習시킨 것이니 韓氏 以後로는 아주 科目으로 되어온 것이오. 그後 이 法이 日本에 流傳하야 近日에는 新科學의 生理學的으로 發達하얏스나 말하자면 高麗法보다는 조금 退步한 듯하다.

수박희로 불리어 온 최소한 고려시대 역사의 기록 이후로 오랜 기간 우여곡절을 겪으면서도 민중 속에서 고스란히 명맥을 유지하여 현재의 택견이라는 이름으로 면면히 이어져 온 것은 시대적 배경을 달리 하여도 그 규칙이나 운동 원리가 거의 변화지 않고 발전의 정점에서 궁극의 상태를 유지하고 있는 것으로 사료된다.

---

[2] **韓嶠**(한교, 1556-1627). 청주한씨. 자는 士昂, 호는 東潭. 한명회의 5대손. 이이, 성혼의 문인. 성리학 뿐 아니라 천문, 지리, 병학에 밝음. 임란때 의병. 그 공으로 벼슬. 사재감참봉, 예빈시주부, 군자감판관, 죽산현감, 의흥 현감 등 역임. 1594년에는 유성룡의 추천으로 훈련도감 낭관에 임명되어, 『紀效新書』를 배웠고, 명나라 진중에 자주 왕래하여 명장들에게 포, 검, 창 등 무기술을 터득하고, 그림을 그려 책을 만들어 가르치게 하였는데, 이것이 『武藝圖普通誌』의 근원이 된다. 『武藝諸譜』의 저자로 유명하다.

고구려 고분벽화 수박

Subak and Subakhi evolved to take a multi-layered structure with concepts of a pure martial art and a match game or an entertainment. In the process, the two were converted into a form of exercise to train the body and mind of common people and melted into the entertainment culture of the common people, inheriting over a long period of time. Around the end of the Joseon Dynasty, the two were unified under a common noun of 'Subak.'

It is believed that Subak contained certain aspects of martial art postures that were consisted of arms postures and straight kicking postures that include some deadly skills that still remain in today's Takkyeon under the title of Yet Bub, or old styles. Meanwhile, Subakhi can be viewed as a Takkyeon match of today.

In other written materials, such as Jaemulbo(才物譜) and Chosunmousayoungwongjeon(朝鮮武士英雄傳), Subak was the Chinese character used which in fact meant Taekkyeon.

Though Takkyeon is a martial art match where players hit each other directly by using their bare body, it has long-established rules to ensure a safe match and has noticeably less number of restrictions in terms of rules compared to other martial arts matches. The essence of Takkyeon is that the adoption of techniques to restrict hitting postures (e.g., straight kicking) led to a dramatic development in the principles of motions, eventually reaching current peak of evolvement.

택견은 아득한 옛날부터 한국 민족이 발달시켜온 고유의 맨손무예이며 현재까지 전승되어온 모든 한국 맨손무예의 원형이라 할 수 있다. 즉, 한국에서 가장 오래된 전통무예이다. 그 역사는 5세기의 고구려 시대로 거슬러 올라간다. 택견은 6세기경까지는 주로 지배계층에 의하여 전승되어 왔고, 고려 왕조(10세기)에는 무과 과목뿐만 아니라 왕이 즐겨하였던 무예이다. 그 이후 12세기경까지 서민들이 즐겨하였다. 조선 왕조(13세기) 이후 택견은 격렬한 격투기뿐만 아니라 민속경기로서 널리 성행하였다. 택견은 수박手搏과 수박희手搏戱로부터 전해져 무예성과 놀이성의 양면성을 지니고 있다.

Taekkyeon is a traditional barehand martial art practiced by Korean people since ancient times. It is called "the original form" of all barehand martial arts currently being practiced in Korea. It is Korea's oldest traditional martial art. Taekkyeon's history dates back to the Goguryeo period of the fifth century. Before the sixth century, the martial art was primarily practiced by the ruling classes. During the Goryeo Dynasty (10th century) it was a soldier's examination subject as well as the royal family's favorite martial art. Moreover, in the 12th century, taekkyeon became very popular even among the common people. In the Joseon Dynasty during the 13th century, a peaceful period, it began to decline as a fighting art but was widely practiced as a folk custom. Having its roots from subak and subakhee, Taekkyeon has twofold aspects as a martial art and a game.

택견 용어의 변천과정의 재해석
Reinterpretation of the Changing Process of the Term of Taekkyeon

택견 용어의 변용과정을 5단계로 시대적 구분을 하였다. 첫째, 1910년 일제강점기 이전의 용어, 둘째, 1910년~1945년 일제강점기, 셋째, 1946년~1960년대, 넷째, 1960년~1982년까지 택견 중요무형문화재 등록 이전, 다섯째, 1983년~ 2009년 문화재등록 이후의 시기로 구분하여 살펴보려 한다.

첫째, 1910년 이전의 택견 용어는 '탁견', '틱견', 택견, 'HTAIK-KYEN-HA-KI—KICKING' 등으로 사용하였다.

둘째, 1910~1945년의 택견 용어는 '탁견', '택견', '태껸', '택견=척각법', '틱견=양각법', '托肩', '托肩戱', '택기연(擇其緣)', '동갑택견', '착견', '결련태껸', '덕견이' 등으로 사용하였다.

셋째, 1946년~1960년의 택견용어는 '탁견', '태껸', '택견', '결련태', '결련태껸', '물태껸' 등으로 사용하였다.

넷째, 1961년~1982년까지는 '탁견', '태껸', '택견', '택견', '결련태', '결련태껸', '택견=태권' 등으로 사용하였다.

다섯째, 1983년~2009년의 택견 용어는 '탁견희', '태껸', '택견', '결련태껸', '결련태', '결련태껸 등으로 사용하였다.

In this study, the changing process of the term of Taekkyeon is divided into five eras: first, terms before

Japanese colonization in 1910; second, Japanese colonial period between 1910 and 1945; third, 1946 to 1960; fourth, 1960 to 1982 when Taekyyeon was registered as an Important Intangible Cultural Heritage; and fifth, post-registration period between 1983 and 2009.

First, before 1910, Taekkyeon was called 'tak-gyeon (탁견),' 'taek-gyeon (틱견),' 'taek-gyeon(택견)', and 'HTAIK-KYEN-HA-KI —KICKING'.

Second, between 1910 and 1945, Taekkyeon was called 'tak-gyeon (탁견),' 'taek-gyeon (택견)', 'tae-ggyeon (태껸),' 'taek-gyeon (택견) = cheok-gak-beop (single footwork),' 'taek-gyeon (틱견) = yang-gak-beop (double footwork),' 'tak-gyeon (托肩),' 'tak-gyeon-hee (托肩戲),' 'taek-gi-yeon (擇其緣),' 'dong-gap-taek-gyeon (동갑택견),' 'chak-gyeon (착견),' 'gyeol-ryeon-tae-ggyeon (결련태껸),' and 'deok-gyeon-yi (덕견이).'

Third, between 1946 and 1960, Taekkyeon was called 'tak-gyeon (탁견),' 'tae-ggyeon (태껸),' 'taek-gyeon (택견)', 'gyeol-ryeon-tae (결련태),' 'gyeol-ryeon-tae-ggyeon (결련태껸),' and 'mul-tae-ggyeon (물태껸).'

Fourth, between 1961 and 1982, Taekkyeon was called 'tak-gyeon (탁견),' 'tae-ggyeon (태껸),' 'taek-kyeon (택견)', 'taek-ggyeon (택껸),' 'gyeol-ryeon-tae (결련태),' 'gyeol-ryeon-tae-ggyeon (결련태껸),' and 'taek-gyeon (택견) = taekwon (태권).'

Fifth, between 1983 and 2009, Taekkyeon was called 'tak-gyeon-hee (탁견희),' 'tae-ggyeon (태껸),' 'taek-gyeon (택견),' 'gyeol-ryeon-tae-ggyeon (결련태껸),' and 'gyeol-ryeon-tae (결련태).'

'탁견'의 용어
The terminology of 'Tak-kyeon'.

전통무예 탁견' 용어에 관한 통시 언어학적 접근으로 살펴보면 다음과 같은 결론이 도출된다.

첫째, 탁견은 일부 문헌에서 일반명사로 기록하고 있으나 대부분 문헌에서 고유명사로 기록하고 있다.

둘째, 탁견과 택견 또는 태껸은 동일한 용어이다.

셋째, 일제강점기 이전에 1778년 『方言類釋』 ~ 1897년 『韓佛字典』등에서 탁견으로 표기하고 손기술과 발기술을 기록하고 있으나, 일제강점기 이후부터 1920년 조선총독부의 『朝鮮語辭典』에 '택견', 1925년 최영년의 『海東竹枝』에 탁견, 1942년 문세영의 『朝鮮語辭典』에 '태껸' 등으로 혼용하여 용어를 표기하고 발기술 위주로 기록하고 있다.

넷째, 탁견을 한문으로 표기한 용어는 『韓佛字典』에 '擇遣', 『海東竹枝』에 '托肩', '托肩戲', 예용해(1964)에 '卓見'으로 기록하고 있다.

This study is to complement the research of the term Takkyeon, a traditional Korean martial art, and establish its identify with the diachronic approach to literature review on historical texts.

The findings of this study are as follows:

First, 'Takkyeon' was used as a common noun in most

literature, although there were some cases that it was used as a proper noun.

Second, 'Tak-kyeon', 'Taekkyeon' or 'Taek-kkyeon' were used to explain the same martial art.

Third, the word was written as Takkyeon before the Japanese colonial era. For example, 『Bangeonyuseok (multilingual dictionary)』(1778) and 『Hanbuljajeon (Korean-French dictionary)』(1897) used the word 'Takkyeon' and described its hand and foot techniques. After the era of Japanese colonial rule, however, 'Taekkyeon', 'Takkyeon', and 'Taek-kkyeon' were all used to describe the same martial art'. 『Joseonosajeon (Joseon language dictionary)』 published by the Japanese Government General of Korea (1920) used the term Takkyeon. Also, other words referring to the martial art were 'Takkyeon' in 『Haedongjukji (book of poetry)』 written by Choi Young-yeon (1925) and 'Taek-kkyeon' in 『Joseonosajeon (Joseon language dictrionary)』 by Moon Se-young (1942). Likewise, they used different terms to describe the same martial art and focused on explaining its foot movements.

Fourth, with regard to Chinese characters used to describe Taekkyeon, there were '擇遣 (Taekkyeon)' in 『Hanbuljajeon (Korean-French dictionary)』, '托肩 (Takkyeon)' and '托肩戲 (Takkyeonhee)' in 『Haedongjukji (book of poetry)』, and '卓見 (Takkyeon)' by Ye Yong-hae(1964), respectively.

결련태껸과 결련태
Gyeollyeon Taekkyeon or Gyeollyeontae

결련태껸은 조선시대의 서울(한양)에서 시작되었는데, 특히 과거 결련태껸은 수도인 서울에서 성행하였다. 그 당시 서울의 우대(북부 지역)와 아래대(남부지역) 두 마을로 편을 나뉘어 편싸움을 했다.

Gyeollyeon Taekkyeon (Gyeollyeontae) was started during the Joseon Dynasty, especially popular in Seoul, the capital of Korea. At that time Seoul was divided into two regions, udae (northern area) and araedae (southern area).

"Scene of Great Pleasure" by Yusook, a painter of the Joseon Dynasty, 19th century.

19세기 그림으로 씨름(한국 전통레슬링)과 택견대회를 볼 수 있다. 택견 경기는 다음과 같다:

A 19th century painting shows a Taekkyeon competition along with a ssireum (Korean traditional wrestling) game. The procedure of competition was as follows:

해가 지고 어둠이 내리기 시작하면 막 저녁 끼니를 때운 동네 사람들이 마을 어귀의 공터에 슬슬 모여든다. 동그랗게 원을 그리고 앉거나 서 있는 사람들 가운데는 횃불을 준비한 것도 보인다. 우대, 아래대 두 패로 나누어진 가운데, 여남은 살 아이들이 나와 택견을 어우르기 시작한다. 이것을 애기택견이라 부른다. 요즘 말로 하면 오픈 게임인 것이다. 다소 재롱 섞인 재주를 겨루다가 어느 한 편에서 더 나설 선수가 없으면 자연히 어른이 나서서 아이들을 내몰고 자리를 잡아서 본격적인 경기가 시작된다.

When the sun sets and darkness comes, people who have had dinner gather in crowds at a vacant space in the village. They sit or stand in a circle. Someone prepares a torch. The crowd is naturally divided into two groups, udae and araedae. First, several children start the competition. The children compete with each other using cute moves. When one team has no more young players, at the last the adults start their competition. This is the main game.

택견 경기는 연승전이다. 한 사람이 계속해서 예닐곱 명을 제쳐야 들어가서 일단 쉴 수 있고 한번 패한 사람은 그 판에서는 더 이상 출전할 수 없다.

Taekkyeon competition is basically a game of consecutive victories. One player should beat at least five opponents, then he can take a rest or compete more. If a player is defeated, he cannot compete any more in that game.

처음에는 비교적 수가 낮은 사람들이 경기를 하다가 차츰 잘하는 이들로 이어진다. 연속으로 이긴 사람이 더 나설 선수가 없느냐고 으스대고 있으면 상대편 마을 패에서 한 사람이 나선다. 그냥 똑바로 걸어 나오는 것이 아니라 몸을 슬쩍 가라 앉혔다 우쭐 세우기도하고 허공 높이 발길질을 해 보이기도 한다. 두 팔을 이리저리 휘두르며 한껏 멋을 부려 뽐내는데, 이에 질세라 상대편 선수도 공중제비를 하고 몸을 솟구쳐 발길질을 하거나 어깨를 으쓱대며 판을 한 바퀴 돌며 재주를 부린다. 이것을 '본때 보인다'고 하는데 몸을 푸는 것과 함께 기세를 올려 상대방의 기를 죽이고 구경꾼에게는 자신의 실력을 과시하려는 목적이 있다.

Generally, beginners go first in the competition, and experienced players compete later. A player who has defeated consecutive opponents shouts at the opposing team in an authoritative manner. Then another player comes, showing off his techniques. He bends his body slightly and stretches rhythmically, or kicks high into the air. He shakes his hands with his shoulders raised in pride. Then his opponent also demonstrates tumbling, jumping high kicks, and various other kinds of skills. This is called bonttae boegi, or performance of techniques. It helps the player warm up and at the same time intimidates his opponent, as well as showing his ability to the spectators.

이렇게 본때를 보이면서 굼실거리고 우쭐대며 서로간의 거리를 잰다. 두 사람은 마주 서서 자리를 잡고 지고 있는 편 선수가 먼저 상대의 다리를 툭 차주는 것으로 경기가 시작된다. 두 사람은 서로 상대방 발 앞에 한쪽 발을 내밀어 주어야 하는데 이것을 '대접(待接)'한다고 한다.

Two players maintain their distance performing bonttae as described, turning and swaggering. Then they stand still and face each other. The game starts when the player from the losing team kicks the opponent's leg slightly. Players should place one foot toward their opponent throughout a game.

경기는 어느 한쪽 선수의 무릎 위 신체가 땅에 닿으면 승부가 난다. 손질, 발질 등 어떠한 기술을 사용해도 무방하지만 상대방에게 타격을 가하거나 급소를 쳐서는 안 된다. 이렇게 상대를 다치지 않게 하면서 넘어뜨리는 택견 기술을 '는질러찬다', '는지른다'라고 말한다.

A game is finished when the upper body of a player touches the ground. Players can use all kinds of hand and leg techniques, but they should not injure the opponent or hit vital sports of the body. The kind of technique which can knock down an opponent without causing harm kick is called neunjireugi (stretching kick).

택견 경기에서는 발질로 얼굴을 마음대로 공격할 수 있으며 강하게 얼굴을 맞으면 실력 차이가 많은 것으로 간주하여 선수 보호의 의미에서 맞은 사람을 물러나게 하는데 이때 맞은 사람은 두 손바닥으로 땅을 짚어 패배를 자인하는 몸짓을 해 보인다. 상대방이 찬 발을 손으로 잡을 수는 있으나 상대방을 움켜잡거나 옷을 잡아당겨서는 안 된다.

In Taekkyeon, players can freely attack their opponent's face using foot skills. When a player is struck hard in his face, the referee decides that the two players' abilities have been demonstrated and makes him retreat in order to protect him. At this time the defeated player acknowledges his defeat by slapping his hands on the ground. A player can catch the opponent's foot if kicked.

나이가 좀 들고 썰레놓기를 잘하는 사람이 심판으로 나서서 경기를 이끌기도 하지만 특별히 심판이 나서지 않아도 경기는 잘 진행된다. 구경꾼들은 경기와 유리된 존재가 아니라 선수이기도 하고 심판이

기도 하다. 그들은 두 선수가 거리를 떼서 진행이 지루해지면 "붙어, 바짝 붙어"라고 소리치기도 하고 얼굴을 차이고도 계속 경기를 하겠다고 떼를 쓰는 사람이 있으면 네편 내편 할 것 없이 어서 빨리 손을 땅바닥에 짚고 나오라고 소리친다. 이와 같이 경기의 진행과 판정은 자연스럽게 택견판 전체 구성원의 여론에 따라 좌우된다.

An older experienced player sometimes oversees competition as a referee, but a game will continue without problems even if there is no referee. The spectators are not separate from the game. Rather, they are also players as well as referees. When the players hesitate and the game slows down, spectators shout "Fight! Fight more!" If a player persists in continuing the competition even after he has been struck, spectators shout that he should admit defeat and withdraw. In this way, the progress and judgement of a Taekkyeon competition naturally depend upon the opinions of all the people involved.

음력 5월 5일 단오절은 모내기를 끝내고 풍년을 기원하는 풍속이다. 뜨거운 여름을 앞두고 여자들은 창포에 머리를 감고 그네를 뛰고, 남정네들은 풍장놀음을 흥을 돋우고 씨름판을 벌려 원기를 돋운다. 농사를 짓지 않는 도회지에서도 이와 같은 단오절 풍속이 있었는데 서울 장안에서는 '결련태'라고 불리던 결련(結連)태껸이 있었다. 이 민속놀이가 바로 태껸경기이며, 단오를 전후한 열흘에서 보름 즈음 서울 서북쪽 인왕산 일대를 지칭하는 '우대'와 동남쪽 흥인문과 광희문 일대인 '아래대' 사람들 간에 집단적으로 열렸다.

The Dano Festival (the fifth day of the fifth lunar month) marks the time when Korean farmers traditionally finish rice-planting and wish for a good harvest. The festival day is at the start of the hot summer season. Women wash their hair with crushed iris petals and ride on swings, while men play musical instruments in the road and then organize tournament games. Even people in urban areas celebrated the Dano Festival. In particular, they did gyeollyeon Taekkyeon. Commonly called gyeollyeontae, the game was held 10 to 15 days before or after the Dano Festival. This game was a group Taekkyeon competition between one team from the udae area, represented by Mt. Inwangsan in northwestern Seoul and another team from the araedae area between the Heungin and Gwanghy gates in southeastern Seoul.

20C 일제 정부에서 이른 택견을 금지했으며, 일제에 의해 국토가 강점된 후 1920년경부터 택견은 박해를 받기 시작했으며 그 이후 거의 절멸의 위기에 처하게 되었으며, 1945년 해방이후 대부분의 한국인들은 유감스럽게도 잊게 되었다.

Korea became a colony of Japan in the early 20th century. The Japanese colonial government prohibited Taekkyeon, and as a result it almost disappeared. Regretfully, by the time Korea was liberated in 1945, most Koreans had forgotten it.

조선시대 마지막 택견인 송덕기는 택견이 성했던 서울의 우대마을에서 태어나서 어릴 때부터 자연스럽게 택견을 익힐 수 있었다. 13세 때부터 택견판에서 애기택견을 얼렸으며 18세때는 당시 유명한 택견인으로 명성을 날리던 임호에게 본격적인 지도를 받기도 하여 인근에는 꽤 알려진 택견꾼이 되었다. 그러나 20세 때까지 일본 순사들의 눈을 피하여 열리던 택견판이 차차 사라지고 경찰에 불려가 협박을 받은 가친과 큰형님이 극구 말리는 통에 어쩔 수 없이 택견을 그만두었다고 한다.

Song Deok-gi, the last Taekkyeon player of the Joseon Dynasty, was born in the udae area of Seoul and was able to learn Taekkyeon naturally from his childhood. He started playing children's Taekkyeon when he was 13 years old. As a result, Song became a well-known Taekkyeon player. However, by the time he was 20, competitions had gradually decreased due to pressure from the Japanese colonial police, and because of the insistence of his father and older brother Song had to quit practicing Taekkyeon.

항일 독립운동과 택견
Independence Movement against Japan and Taekkyeon

항일 독립운동의 중요한 수단으로서의 택견의 가치와 국외의 항일 독립운동과 택견과의 관계를 살펴본 결과 다음과 같다.

택견이 항일 독립운동 수단으로 활용되어 일제의 민족문화말살 정책에 의해 '택견 탄압' 이루어졌다. 택견을 바라보는 항일독립운동가와 친일파 간에 전혀 다른 두 개의 시각이 존재하고 있으며 이러한 시각차는 적어도 일제강점기라는 시대적 배경과 관련이 있는 것으로 보인다.

항일 독립운동가 중 택견과 관련이 있는 인물로 김구, 서재필, 박춘병, 한일동 등이 있다. 그 외 택견과 관련된 인물로 경기도 김경운(1876년생)과 김영식 등 다양한 택견인들이 독립운동에 동참했음을 알 수 있다.

대한제국 육군무관학교의 해산으로 하와이 이민자 중 500여 명이 포함되었는데 하와이이민 다큐멘터리에서 양주은 옹은 '광무군들이 택견을 했다'라는 진술을 했다. 1977년 취재 당시 99세로 샌프란시스코에서 말년을 보내고 있었던 1세 동포 양주은 옹은 일본인들을 택견으로 혼을 내주는 일화에 대해 언급했다. 또한 멕시코의 한국인들은 더욱 대담하게 행동해서 멕시코 일본대사를 구타하기도 했다.

하와이와 미주 본토의 헤스팅스소년병학교 및 하와이의 국민군단 사관학교와 더불어 멕시코의 숭무학교는 북미 한인사회에서 무관양성을 표방한 대표적인 학교인데 교과목에 택견이 존재했을 가능성이 농후하다.

1919년 만주 신흥무관학교의 교관들은 대한제국의 무관 출신들로, 신흥무관학교의 체육 활동 가운데에는 격검·유술이 포함되어 있는데, 교과목의 유술(柔術)이 택견일 개연성이 높다. 이는 미국 본토에서 조차 군 출신자들이 택견을 한 것으로 언급되고 있으며 실제 서울·경기 지역의 군 출신자들은 상당수가 택견을 익히고 행한 것으로 알려져 있다. 또한 독립운동가 자산 안확(1940)의 '유술이 택견'이라는 기록 등으로 보아 개연성이 높다고 추측할 수 있다.

우리 민족에 의해 발달되어 온 택견은 일제강점기에 금지되었을 뿐만 아니라 민족문화말살정책에 의해 택견의 인식이 놀이화된 이후 현재까지 이러한 인식은 계속되고 있다. 물론 택견은 무예성과 놀이성이 공존하여 전해지면서 어린이들에게는 상무적 놀이로 성인들에게는 무예로 전해져 오고 있다.

우리 독립운동사에 분명 택견의 역할이 적지 않았을 것이 분명하지만 한정된 자료밖에 인용할 수 없는 현실이 안타깝다. 더 많은 자료의 발굴로 독립을 위해 자신과 그리고 가족의 피와 생명을 바친 선열들의 넋을 위로할 수 있는 계기가 오기를 기대해 본다.

이러한 연구 결과에 비추어 볼 때 항일 독립투쟁을 위해서 택견은 중요한 신체훈련으로 활용되었다. 암울한 시기를 맞아 택견이 민족의식을 고취하고 어둠을 밝히는 등불의 역할을 했다면 후손된 우리는 그 빛을 다시 밝혀 새로운 성장 동력으로 삼을 수도 있다.

A study about the value of Taekkyeon as an important means for independence movement against Japan and a relationship between Taekkyeon and overseas independence movement against Japan.

It seem that Taekkyeon was suppressed as part of policy to obliterate Korean culture as Taekkyeon was used as means to conduct independence movement against Japan. There were two totally different views to Taekkyeon among anti-Japanese independence activities and pro-Japanese traitors. Such discrepance seems to be associated at least partly with the background of the period during the Japanese colonial era.

Fighters for independence from Japan, who are related to Taekkyeon, include Kim Gu, Seo Jae-pil, Park Chun-byeong, and Han Il-dong. It is known that Kim Kyeong-woon and Kim Young-ski, who were related to Taekkyeon participated in independence movement.

It is highly likely that fighters for independence who were from the Korean Empire Armed Forces adopted Taekkyeon as their military training.

It is assumed that it is highly likely that Taekkyeon was the subject of jujitsu in Korean emerging martial arts school.

해방 후
After Liberation

해방 후 1958년 이승만 대통령 탄신기념 경찰무도대회에서 송덕기는 경무대의 요청으로 택견시연을 보이게 되었다. 신명이 난 송덕기는 함께 시연을 할 택견인을 찾아 백방으로 알아보았으나 예전에 그렇게 많던 택견인이 한 사람도 남아있지 않았다. 별수 없이 예전에 임호로부터 택견을 함께 배웠던 이웃에 사는 김성환이라는 사람에게 부탁을 하였다.

김성환은 일제강점기에 집안이 아주 망하자 실의에 빠져 매일 술에 취해있던 폐인이나 다름없어서 이미 택견 기능도 제대로 발휘할 수 없는 처지였으나 그 사람 외에는 달리 택견인을 찾을 수가 없었다는 것이다. 1964년에는 한국일보에서 송덕기를 취재하여 인간문화재로 소개하기도 했으나 별다른 관심 을 끌지 못하였다.

After Liberation in 1958, Song Deok-ki was asked to demonstrate Taekkyeon by the Gyeongmudae (The National Police Agency) at a police martial arts competition in honor of President Syngman Rhee's birthday. Song enthusiastically searched all around for another Taekkyeon player who could demonstrate it with him, but he could find no one. He then asked his neighbor Gim Seong-hwan, with whom he had learned Taekkyeon from Master Im Ho in the past. Gim's family had lost everything during the colonial era, so he had become a dysfunctional alcoholic. Even though Gim could no longer perform Taekkyeon properly, Song had no other option and managed to have a demonstration with him. In 1964 the Hankuk Ilbo, a South Korean newspaper, published an article introducing Song as a cultural asset, but there was no special interest from the public.

국가무형문화재 제76호 택견기능보유자 송덕기와 신한승(출처: 문화재청)
Song Deok-ki and Shin Han-seung

무형문화재 지정
Intangible Cultural Asset Designation

1972년대 초부터 송덕기에게 택견을 전수받고 있던 신한승은 택견을 중요무형문화재로 지정받을 결심을 하게 되었다. 이러한 신한승의 집념이 끝내 결실을 맺어 택견은 1983년 6월 1일 중요무형문화재 제76호로 지정되었고 송덕기와 신한승이 기능보유자로 인정되었다. 또 1984년에는 한국전통택견연구회가 사회단체로 발족하여 민족무예인 택견의 중흥을 주창하게 되면서 마침내 택견의 대중화 시대가 개막되었다. 그 뒤 1990년에 택견연구회를 주축으로 대한택견협회가 결성되고 1991년 1월 14일 당시 체육청소년부로부터 공익 법인 인가를 받았다. 또한 2007년 2월에는 대한체육회 정식가맹 종목으로 등록 되었다.

Shin Han-seung, who had learned Taekkyeon with Song Deok-ki from early 1972, made up his mind to get official recognition for Taekkyeon as a cultural property. As a result of his efforts, the South Korean government finally designated Taekkyeon as Intangible Cultural Asset No. 76 on June 1, 1983. The government also recognized Song Deok-ki and Shin Han-seung as holders of Taekkyeon skills. The Korea Traditional Taekkyon Research Association was founded in 1984, and at last the period of Taekkyeon's restoration had begun. Later on, the Korea Taekkyeon Association was organized on the base of the Traditional Taekkyeon Research Association, and it was recognized by the Ministry of Sports on January 14, 1991. It went on to join the Korea Sports Council on February 2007.

유네스코(UNSCO) 인류무형유산 택견
Taekkyeon Recognized by UNESCO as Part of the World's Intangible Cultural Heritage.

2011년 11월 28일 인도네시아 발리에서 열린 제6차 유네스코 무형유산위원회에서 무예로는 세계최초로 택견이 유네스코 인류무형유산으로 등재되었다. 고구려시대부터 2천 년 동안 명맥이 이어져 내려 온 전통무예 '택견'은 춤추듯 율동적인 동작으로 상대를 제압한다는 특징을 갖고 있다.

The 6th UNESCO Intangible Cultural Heritage Committee held in Bali, Indonesia on November 28, 2011 formally recognized Taekkyeon as a part of the world's intangible cultural heritage, the first time for a martial art. UNESCO describes Taekkyeon as a traditional martial art originating in the Goguryeo era 2,000 years ago, which uses dance-like rhythmic movements to vanquish an opponent.

2. 택견의 경기방법
Competition Method of Taekkyeon

안자산安自山의 「동아일보」(1930.4.30.)
「奇絶壯絶하든 朝鮮古代의 體育」의 유술柔術

Source: *Taegyeon* Kim Jeong-yoon(2002)*Taegyeon*

옛 택견판은 마당에 가마니를 두서너 장 펴서 깔거나 멍석을 편 뒤 그 위에서 하거나 또는 구경꾼이 둥그렇게 둘러앉은 가운데 풀밭에서 하기도 했다고 한다.

The old Taekkyeon game was held on an area of ground covered with two to four straw bags, or on the grass with spectators sitting in a circle.

택견 경기는 두 선수가 두 발을 벌리고 섰다가 한쪽에서 가볍게 차주는 것으로 시작되는데 발을 품(品)자로 밟는다는 약속 아래 서로 차서 쓰러뜨려 승부를 가른다. 이때 높이 차는 것도 허용되는데 얼굴을 강하게 맞을 정도로 실력 차이가 나면 스스로 손을 땅에 짚어 패배를 자인한다.

Today's game starts when two players face each other with their feet apart. To begin, one player then slightly kicks the opponent's leg. They compete to throw or kick each other while stepping in a triangular fashion (pumbalpki). They can use high kicks, and if one player is struck hard in the face, he acknowledges his opponent's superiority and admits defeat by placing his hands on the ground.

찬 발을 잡는 것도 가능하므로 어떤 때는 엉겨 붙어서 씨름이나 유도처럼 될 때도 있다. 말하자면 태권도와 씨름, 유도를 합친 것과 유사한 형태라고 할 수 있다. 과거에서는 특별히 명문화된 규칙 없이도 경기가 자연스럽게 잘 진행되었다고 하나 현재의 상황에서는 조목조목 규칙이 정해지고 전문적인 훈련 과정을 거쳐야 될 듯하다.

Competition sometimes resembles ssireum or judo because a player can grab his opponent's foot when he kicks. That is to say, it is similar to a mixed game of taekwondo, ssireum and judo. In the past the game progressed naturally without formal requirements. However, today specific rules and an organized training process are necessary.

1895년 미국에서 간행된 "동양의 놀이(부제: 코리언 게임스)"라는 책에는 다음과 같은 내용이 있다.

A book titled *Korean Games* (subtitled "With Notes on the Corresponding Games of China and Japan") was published in the United States in 1895. It contains the following reference to Taekkyeon.

택견하기 ... 킥킹(불어: 싸바트)

택견하기는 두 경기자 사이에서 주로 발로 이루어지는 싸움경기이다. 두 사람은 발을 벌리고 정면으로 서로를 마주 보고 선다. 그리고 서로 상대방의 다리를 걷어 올려 차려고 노력한다. 경기자는 두발 가운데 한 발을 한 걸음 뒤의 제삼의 지점에 갖다 놓을 수가 있다. 그러므로 다른 다리는 언제나 세 지점 중 한 지점을 디디고 있어야 한다. 게임은 한 사람이 먼저 상대방의 두 다리 중 하나를 걷어차는 것으로부터 시작되는데 상대방은 차인 다리를 뒤로 물린 다음에는 발을 바꿔 찬다. 이때 높게 차는 것도 허용되는데 이때 높게 찬 다리를 양손으로 잡는 것도 허용된다. 이 게임의 승부는 상대방을 넘어뜨리기 것으로 결정된다.

HTAIK-KYEN-HA-KI....Kicking (Fr. Savate)

Htaik kyen-ha-ki is a combat between two players, chiefly with feet. They take their positions with their feet apart, facing each other, and take one step backward with either foot to a third place. His feet, therefore, always stand in one of three positions. One leads with a kick at one of his opponent's legs. He moves that leg back and kicks in turn. A high kick is permitted, and is caught with the hand. the object is to throw the opponent. This game also occurs in Japan, but the Chinese laborers form Canton do not appear to be familiar with it. (Stewart Culin, *GAMES OF THE ORIENT*, 1958)

이 책의 저자 스튜어트 쿨린은 펜실베이니아 대학의 고생물학 박물관 관장이자 전 세계 놀이의 권위자였는데 저자는 동양에 와 본 일이 없는 사람이다.

The author, Stewart Culin, was a famous expect on games, as well as the Director of the Museum of Archaeology and Paleontology at the University of Pennsylvania. He never travelled to Asia.

특히 이 책은 1895년 미국의 펜실바니아 대학교의 스튜어트 쿨린이 "한국게임"을 발행된 내용에 택견경기방식이 소개되어 있다.

The book *Korean Games*, published in 1895 by Stewart Culin of the University of Pennsylvania, specifically describes the game of Taekkyeon.

Boys training Taekkyeon in the end of 19c

책의 내용은 우리나라가 세계 박람회에 처음 참가하였던 1893년, 시카고 박람회(콜럼버스의 미 대륙 발견 100주년을 기념하여 콜럼버스 박람회라고도 함)의 조선위원회 서기관 박영규(워싱턴 주재 조선 정부 대리 대사)씨가 설명한 것으로 이 박람회에 전시되었다. 이 책에 수록된 다른 놀이에 대한 설명이 매우 정확하다는 것에 비추어 볼 때 택견에 관한 기록도 신빙성이 높다 하겠다.

The contents of the book were provided by Park Young-kyu, the secretary of the Chosun Committee of the 1893 Chicago World's Fair as well as the acting ambassador of Chosun in Washington, D.C. The Fair was also known as the World's Columbian Exposition, which commemorated the 400th anniversary of Christopher Columbus's discovery of the American Continent. This was the first time that Korea participated in a world's fair, and Korean Games was exhibited at the Exposition. The descriptions of the other games in the book were very accurate, so the information about Taekkyeon is highly credible.

뿐만 아니라 이 기록은 "국어사전", "해동죽지" 등의 문헌과 혜산 및 기산의 풍속도와 일치하고 있고 송덕기의 기법과 구술에 모두 부합되며 그 동안의 연구와 실제 경기를 통해 얻은 결론과 정확히 맞아 떨어지고 있다.

This information is consistent with references in other sources like a 1933 dictionary of Korean and the

Haedong-Jukji, a historical work. The references to Taekkyeon in these and other documents match what Song Deok-ki demonstrated and described as well as the results of much research on Taekkyeon along with actual competitions.

그 동안의 연구 결과 택견 경기 규칙의 핵심은 한 발을 상대의 공격 가능 거리에 내 주는 것이다. 이것은 두 경기가 사이의 거리를 한 걸음 이내의 매우 가까운 상태로 유지하게 하는데 목적이 있다. 곧 견제 거리가 배제되어 서로가 상대방으로부터 항상 공격을 받을 수 있는 위치에 한쪽 발을 제공해 주고 있는 것이다. 이것을 송덕기는 '대접'이라 하였는데 상대방 앞에 발을 내 주었다가 공격을 피하거나 공격을 당하지 않을 목적으로 양발을 번갈아 불규칙적으로 내딛게 되므로 '품(品)밟기'가 저절로 이루어진다.

A key point of Taekkyeon game rules is to place one foot close enough so that an opponent can attack it. The aim of this rule is for two players to maintain a close distance, which can be covered by one step. That is to say, it is prohibited to maintain too much distance, and players must place their feet where they can always be attacked by the opponent. Song Deok-ki called this *daejeop* (to serve). A player puts his foot in front of the opponent, and again changes his foot positions or places it irregularly to avoid the opponent's attack. This naturally results in *pumbalpgi*, the basic footwork of Taekkyeon.

3. 택견의 기술원리
Principles of Taekkyeon Techniques

Song Deok-ki & Kim Soo   Song Deok-ki & Kim Soo

Song Deok-ki & Kim Chang Soo   Song Deok-ki & Kim Chang Soo

Song Deok-ki & Kim Chang Soo   Song Deok-ki & Kim Soo

상대를 큰 피해 없이 차거나 걸어서 넘어뜨린다. 움직임이 부드럽고 율동적이다. 호흡은 자연스럽고 독특한 소리인(이크)로 복식호흡을 하는데 도움을 준다. 보법(품밟기)은 오직 허리와 신체의 아래 부분을 강화할 뿐만 아니라 방어와 공격을 쉽게 할 수 있게 한다. 다양한 공격은 부드러운 기술을 실제 싸움에서 자연스럽게 상대를 지배한다.

Taekkyeon techniques are oriented toward downing an opponent without much injury, using trapping, throws or kicks. Movements are soft and rhythmic. Breathing is natural, and Taekkyeon's unique vocalizations (ik!) assist abdominal respiration. Footwork (pumbalbgi) not only strengthens the waist and the lower part of the body, but also makes attack and defense easy. Taekkyeon's various attacking techniques are gentle in appearance and dominate an opponent naturally in actual fighting.

택견은 무릎의 굴신 운동과 허리의 탄력을 조화시킨 부드러운 동작으로부터 강력한 힘을 내며 상대의 안면이나 몸통을 밀어 차거나 상대의 다리를 공격하여 넘어뜨린다. 또한 상대가 다리를 사용하여 공격해 왔을 때는 그 다리를 손으로 잡거나 밀어서 넘어뜨릴 수 있다. 경기 중에는 상대의 급소를 차거나 신체에 상처를 줄 목적의 공격은 엄격히 금지되어 있고, 경기 중에는 항상 자신의 한쪽 발을 상대방의 앞쪽에 내주어 대접하게 되어있으므로 경기 중 상대의 공격을 피하기 위하여 발을 계속 움직이게 되므로 택견의 독특한 품밟기 스타일이 나오게 되는 것이다. 이러한 택견기술은 조금만 변화시켜도 상대를 다치게 하거나 치명상을 입힐 수 있을 만큼 위험한 기술이 될 수도 있으며 이러한 격투기적인 택견기술은 별도로 전수되고 있다.

    Taekkyeon gets its strength from the rhythmic bending of the knees and elasticity of the waist. Attacks usually involve pushing the opponent's legs to bring them down. Attacks for the purpose of inflicting damage are strictly prohibited. In Taekkyeon matches, one player should step in front of the other and should alternate his leading leg to avoid low attacks from the opponent. This motion produces the unique Taekkyeon step. A small change in Taekkyeon techniques could be dangerous enough to injure others or even take their lives. This kind of combative Taekkyeon has been passed down separately.

    택견의 동작 원리 자체가 하단전을 중심으로 이루어지는 것이고, 품밟기라는 독특한 보법 자체가 공방의 묘리를 동시에 담고 있어서 공수 전환이 품밟기 보법 안에서 이루어지므로 별도의 방어기법이 거의 없다는 사실이다. 또한 모든 발질은 하단전을 중심으로 최대한의 신전이 일어나는 동시에 여러 운동역학의 원리가 동시에 결집된 발질 공격이 일어나는 것이다. 택견에서 굼실 후에 엉덩이가 앞으로 나가면서 아랫배가 나오고 상체를 뒤로 능청(허리재기)하는 동작은 서양의 운동역학적인 한 맥락의 동작으로서 첫째 몸 전체를 신전시켜 마치 팽팽히 당겨진 활에서 쏘아지는 화살처럼 발질이 이루어지도록 하는 것이며, 둘째 상체를 뒤로 젖히면서 생기는 반작용을 발끝에 싣고자 함이다. 품밟기는 아치와 반작용이다. 택견의 발질에 있어서 능청(허리재기)이 바로 그것이다. 능청하면서 뱃심을 내미는 형태가 지면을 딛고 이루어지는 아치의 형태이며, 상체를 뒤로 젖히는 그 반작용이 공격하는 발질 끝에 실리는 것이다. 품밟기를 시키는 이유로, 첫째는 품밟기를 통해 공방이 자연스레 몸에 익숙해지도록 하는 의미와 둘째, 품밟기를 통해 모든 발질의 단초가 되는 오금질을 자연스럽게 몸에 배도록 하자는 것이며, 셋째는 축기蓄氣에 의미가 있다고 생각한다. 택견에 있어서의 무게중심은 서양의 이론처럼 신체의 움직임에 따라 항상 변하는 것이 아니라 바로 하단전에 있는 것이다. 자연스럽게 단전을 중심으로 표연表演되도록 모든 동작원리가 이루어져 있을 뿐 아니라 이 체계에는 품밟기를 통해 기운을 모으는 소위 축기蓄氣과정과 공격동작을 통해 축기된 기운을 자연스럽게 발산하는 과정이다. 택견의 품밟기 시 엉덩이를 내밀면 자연히 아랫배가 앞으로 나가면서 능청이 이루어지는데 타이거 우즈가 엉덩이를 회전시킨다는 동작은 이 품밟기에서의 능청 동작(허리재기)과 같은 형태이다.

Movement principal of Taekkyeon is based on hypogastric parts. Unique Stepping of Poombarbgi contain profound offense and defense skills, so conversion of offense and defense motion is made within its Stepping. Therefore, Taekkyeon does not have additional defense motion. Also, every kick skill of Taekkyeon is originated from hypogastric parts and makes the body fully stretched; and various physical principals are concentrated in these kick skills. A Neungchung motion (sly motion) which throws out low parts of abdomen by pushing the hips forward after wriggling the entire body (Gumsil) while backing upper body is the similar physical mechanism of physical exercise in Western. First, the movement is making kicks like arrows from fully drawn bow by fully stretching entire body. Second, it is to concentrate all the powers at tiptoes that come from reaction of backing entire body. Poombarbgi is outcome of arch and reaction; in the kick skills of Taekkyeon, Neungchung motions (sly motions) come under these actions. The shape of footStepping on the ground by forwarding abdomen through Neungchung motion is arch shape, and then put the powers coming from reaction while backing the upper body. Reason to do practice Poombarbgi is as follows: First, to make trainees be accustomed with offense and defense through Poombarbgi. Second, to make trainees be accustomed with Oguemjil (bending and stretching knees), the beginning of every kick skills, through Poombarbgi. Third, it is to gather Ki while kicking. Unlike the Western physical theories, the center of gravity in Taekkyeon does not move; it is always in the hypogastric center. Every movement is not only naturally expressed on the basis of hypogastric center but also naturally emitting concentrated Ki while concentrating Ki on the tiptoe and through offense movement. By throwing out hips while making Taekkeon Poombarbgi, low parts of abdomen is naturally forwarded to front side and make a Neungchung motion. Tiger Woods' hip rotating motion is the same style of Neungchung motion in Taekkyeon Poombarbgi.

택견의 발길질은 무릎을 곱꺾어 차면서도 빠른 회수가 필수적이다. 상대방에게 가하는 일부의 충격력이 탄성에너지로 전환되면서 빠른 회수가 이루어진다. 곱꺾어 찰 때 분절이 짧아 힘의 손실이 상대적으로 적어서 스피드를 키울 수 있으며, 차는 순간은 채찍이나 골프 스윙의 이론이 적용되어서 스피드와 동시에 기대 이상의 근력이 실리게 되는 것이다. 따라서 무릎을 곱꺾어 차는 발이 최종단계에서 관성의 법칙이 적용되는데, 펴지면서 발휘되는 채찍의 이론이다

택견에서의 역근은 다른 무예에서처럼 빈번하게 발생되지 않으나 허리를 축으로 이루어지는 곁치기나 밭짱치기에서 능청 동작과 동시에 나타나며 따라서 분절마다 꺾어지는 역근이 아니라 허리를 축으로 꼬이는 역근의 형태이다. 곁치기동작에서 감은 허리가 극에 달하는 순간, 그 반작용을 차는 발끝에 실리는 것이다. 감은 허리가 채 풀리기 전에 곱꺾은 발을 물 묻은 손에서 물을 뿌리듯 차는 순간, 채 풀리지 않은 허리가 꼬인, 소위 역근 상태에 있기 때문에 더 파워풀한 발질이 이루어진다.

It is necessary in Taekkyeon kicking to kick by wriggling knee and to return quickly. The kicking by wriggling knee increase speed because short segment decrease the power loss. So the kicking increase speed and energy through whipping principle.

The twisted power shows with the swaying motion(Neungchung) together in twisting kicking like Gyutchigi and Batchanchigi and it is on the axis of waist. In the Gyutchigi motion, The power from most twisted waist reacts to kicking tip toe so becomes powerful attack.

택견은 발질 전에 이루어지는 활개짓은 카운트 밸런스이다. 즉, '반작용의 원리'는 두 팔과 두 다리를 반대로 엇갈리게 움직임으로써 운동효과를 높인다.

굼실에서 능청으로 이어지는 과정은 채찍의 원리이다. 택견의 모든 동작은 굼실에서 얻은 반작용을 무릎의 탄력을 통해 시작된다. 굼실거릴 때 체중이 굼실거리는 발로 이동되는데, 이 순간 자신의 체중만큼 지면반력 즉 반작용이 굼실거리는 무릎과 이어서 단전에 다시 전달이 되고 단전을 중심으로 몸을 일시에 신전(능청)시켜 공격하는 신체 말단부에 최종적으로 전달되는데 이 과정들은 채찍의 원리를 그대로 담고 있다.

택견은 전신에 힘빼기로 분절이 자유 상태에서 움직이는 동작원리이다. 택견은 처음부터 보호 장구라는 개념 없이 민중에서 행해졌던 무예경기였으므로 느진발질만이 허용되었고, 이 느진발질을 통한 공격에는 힘빼기라는 원리가 불가피했을 것이며, 나아가 느진발질로서 공격효과를 얻기 위해서는 동작 하나에도 신체 전체를 이용하려는 동작 체계가 도입될 수밖에 없었을 것이라는 추론이 가능하다.

택견이 전통무예라 좋다는 막연함보다 실제로 서양의 학문적 접근방식으로 택견의 우수성을 재확인할 수 있는 계기가 될 것으로 사료된다. 특히 문화의 중요성이 부각되는 세계적인 흐름으로 볼 때 우리 민족의 고유문화유산인 택견이야말로 단절의 어려움을 넘겨 이제는 우리 문화유산을 확대 재생산하여 가장 한국적인 것이 세계적이라는 말처럼 그 가치를 재인식하고 온 세계에 그 진가를 드러내려면 현대식 표현을 통해 그들의 눈높이에 맞추어 접근성이 쉽도록 배려해야 할 것이다.

The flutter motion before the kicking is the counterbalance. There is 'the reaction principle' among the physical exercise principles. It means that opposite movement between arms and legs rises movement effect during the running.

The course from wriggling motion(Gumsil) to swaying motion(Neungchung) is the whipping principle.

All of Taekkyeon motions are starting from elastic of knee by the swaying motion(Neungchung). The weight during wriggling motion(Gumsil) is moving to wriggling foot and the reaction of this weight is moving to hypogastric center (Danjon) through wriggling knee so it is going to tip of the body finally through body swaying motion(Neungchung). This curse is same of whipping principle.

The Taekkyeon motions are the movement principle that all segmental parts of body move softly through the relaxation. Taekkyeon is the martial game which people have been played except protective devices. So it is necessary to relax by slowly kicking during the attack. Moreover to pull attack effect by slowly kicking, the movement system which all body are using even in one motion is necessary.

This study shows the superiority of Taekkyeon through western academic approach not a vague assertion that our traditional martial art is good. In order to promote Taekkyeon as a worldwide sport, reperception of teakkyon should be created by approaching from modern study.

택견은 소극적인 방어보다 적극적인 공격의 특징이 있다. 상대방으로부터 공격을 당했을 때는 적절한 반응과 함께 바로 역공격을 하며 이 경우에도 앞에서 말했듯이 항상 상대의 안전을 고려해야만 한다. 이러한 양면성은 호전적인 북방 기마민족문화와 호혜적인 남방 농경 민족문화가 조화된 한국문화의 특성에 따른 것이다. 택견은 공생, 공영의 상호조화 속에서 인간의 평화와 복지에 기여한다는 철학을 내포하고 있다.

Taekkyeon features active attacking. A Taekkyeon player does not defend, but rather attacks the opponent in response to an attack, while always considering the opponent's safety. This consideration is in accord with the characteristics of Korean culture, which combines the cultures of warlike northern horse-riding groups and cooperative southern agricultural society. Taekkyeon contains a philosophy of living and prospering together in harmony, so that it can contribute to the peace and welfare of human race.

택견 동작원리는 첫째, 택견기술을 유희나 경기로 순화하는 민족적 기질을 경기규칙의 윤리성을 통해 알 수 있다. 둘째, 우리민족의 체형과 아울러 좌식생활습관은 허릿심을 잘 쓰고 발질을 능란하게 한다. 셋째, 인체의 굴신원리를 효율적으로 사용한다. 넷째, 심신일여의 마음을 비우는 이치를 동작원리에 적용하고 있다. 다섯째, 택견경기는 관객과 선수가 참여하는 동시성과 공개성을 지니고 있다. 이는 오랜 세월 세습되어온 한국인의 고유한 몸짓이 녹아 있기 때문에 가능한 것이다.

The principles of Taekkyeon are as follows. First, the ethics of match rules demonstrate Korean national characteristics in the sense that Taekkyeon techniques are used for the purpose of play or games. Second, the characteristics of Korean people's bodies and their custom of sitting on the floor help to improve waist power and kicking techniques. Third, the principle of flexible body motion is used effectively. Fourth, the method of clearing the mind is applied to movement principles. Fifth, Taekkyeon matches have the qualities of simultaneity and openness because of the shared participation of audiences and players. This is because matches contain movements customary to Korean people.

4. 택견에 내재한 기합의 의미
The Inherent Meaning of Taekkyeon's Kihap(Shout)

- 첫째, 자신의 기세를 상승시키고 상대의 기를 제압한다. 이때는 강하고 짧게 큰 소리를 지른다.

- 둘째, 장단을 맞추며 노래하듯이 흥겹게 상대방과의 호흡을 맞추고 기운의 상승을 돕는데 춤출 때의 배경음악이나 추임새와 같은 기능을 가진다.

- 셋째, 큰 소리로 상대방의 주의를 환기시키는 기합은 신호와 구령의 기능을 대신한다.

- 넷째, 기합소리는 정신을 한곳에 집중시켜주고 중추신경을 자극하여 순간적으로 근력의 힘을 최 대로 발휘할 수 있어 공격적인 동작을 할 때 기합을 통해 더욱 강한 동작을 불러내어준다. 이러한 기합은 정신적, 심리적 자신감을 증가시켜서 긴장완화로 근육이완에 도움이 된다.

- 다섯째, 장단을 맞추며 춤출 때의 배경 음악이나 추임새와 같은 기합의 기능은 품밟기나 두 사람 이 공방을 주고받는 연습 시에 나타나는 것으로 역시 무예의 기능이 유희화, 경기화 되면서 생겨난 것이다. 이러한 배경에는 바로 공개된 마당성에도 그 배경이 있다. 공개성과 유희성으로 순화된 무예 경기이다 보니 흥과 신명이 포함된 몸짓이자 율동이 기합과 더불어 전해 내려오게 된 것이며 단순히 장단을 지닌 기합만으로도 극도로 순화된 무예경기임을 반증하는 것이다. 그리고 끝없이 삼박자로 반복되는 택견의 기합에는 선조들의 안배가 내포되어 있다.

- 여섯째, 택견의 기합발성을 통한 성대의 진동이나 그 여파로 인한 공명이 목 주변의 자율신경인 교감신경과 부교감신경을 적극적이고

지속적으로 자극하여 각성시키고 있는 것이다. 이러한 형태의 기합은 기혈순환에 도움을 줄 뿐 아니라 숙련도가 높아짐에 따라 자율신경의 각성과 수반 되는 몸짓이 빠르게 반응하고 효율성이 높아진다. 그리고 횡격막을 최대로 활용해서 이루어지는 택견의 역동적인 호흡은 호흡력을 키우고 심폐기능을 강화시킨다.

- 일곱째, 택견의 기합은 자연스러운 기합발성을 통해 성대구조를 강화시키는 기능이 있다. 이러한 기능들은 특히 성악에서의 호흡과 발성연습에 매우 효과적임에도 불구하고 그리 알려져 있지 않다.

- 여덟째, 골반을 많이 쓰는 택견의 품밟기는 천추의 부교감신경을 적극적으로 자극함으로서 여타 운동에 비해 현저히 자율신경의 각성에 효과가 있을 것으로 기대된다.

- First, the shout of concentration helps enhance a player's spirit while suppressing that of his competitor. In this case, the shout tends to be strong, short, and loud.

- Second, the shout helps competitors stay in step similar to singing and increases spirit, which is similar to the function of audience exclamations (chuimsae) during traditional performances.

- Third, a loud shout of concentration that get the competitor's attention functions as a verbal order or sign.

- Fourth, the sound of the shout helps to concentrate the spirit and stimulates the nervous system, maximizing sudden strength of the muscles which that in turn leads to further attacks. It also improves mental and psychological satisfaction and helps to relax tight muscles.

- Fifth, chuimsae generally occurs when exercising pumbalpgi or competeing, and it has been used from the beginning during games and amusements. Taekkyeon has the features of openness and entertainment which naturally includes rhythm, enjoyment and excitement, so that Taekkyeon's martial shouts are simple. Further, the continuous triple time rhythm of Taekkyeon comes from traditional Korean culture.

- Sixth, the vibration of the vocal cords through the kihap and its resulting resonance continuously stimulates the sympathetic and parasympathetic nerves, and this promotes the circulation of blood and body energy. Skilled Taekkyeon players demonstrate rapid reflexes due to stimulation of their autonomic nerves and high efficiency. Dynamic breathing using the diaphragm increases breathing ability and strengthens heart and lung functioning.

- Seventh, the kihap develops vocal cord structure, which is especially effective for singing skill but is not widely practiced for this purpose.

- Eighth, pumbalpgi, which strongly exercises the pelvis,

stimulates the parasympathetic nerve of the spine. It is thought that this helps remarkably in stimulating the autonomic nerve when compared with other sports.

5. 택견의 가치
The Value of Taekkyeon

택견의 스포츠적 가치
The Sports Value of Taekkyeon

택견은 신체훈련으로 효과적이다.

고대로부터 맨손무예 경기는 제한적이고 공개적인 특성을 지니고 발전해 왔다. 이러한 맨손무예 경기 방식은 그 시대의 각 민족과 시대별로 그 당시 사회의 윤리 의식과 도덕 기준에 따라 제각기 개성적인 성격을 띠게 마련이다. 택견은 우리 민족이 형성해 온 전통적 가치관을 토대로 생장한 것이므로 다른 종류의 투기에서 찾아볼 수 없는 매우 독특한 구조를 지니고 있다.

택견 경기에서 상대방이 공격할 수 있는 위치에 한쪽 발을 내어 주는 대접의 규칙은 공정과 형평에 대한 자발적 의지를 굳게 하고 적극적인 투쟁 심리를 갖게 한다.

또한 상대방에게 타격을 가하지 않는 '느지르기' 공격 기법은 힘의 전달에 있어서 고도의 절제를 요구한다. 공격자가 발모서리나 주먹 같은 강한 신체 부위를 사용하지 않고 장심, 발바닥같이 부드러운 부분으로 공격한다든지 상대방의 급소를 피하고 대신 이마, 복장, 장딴지, 어깨 등과 같은 비교적 위험성이 적은 곳을 공격 목표로 삼는 등 상대방에 대한 배려가 승부에 우선하고 있다.

한편 택견은 유희성이 짙게 나타나고 있는데 이것은 현대 스포츠의 중요한 요소이기도 하다. 격투 경기는 관중에게 구경거리를 제공해야 하고 또한 그것이 도덕성을 가지고 있어야 한다. 따라서 경기의 진행을 위해서나 관중의 흥미를 유발시키기 위해서는 승부에 소요되는 시간이 합리적으로 제한되어야 하고 공방 기술이 지루하게 전개되지 않도록 유도되어야 한다. 택견 경기는 대접 규칙으로 인하여 견제 거리가 배제된 근접 거리에서 경기를 하게끔 되어 있어서 긴박하고 경쾌한 경기 진행과 아울러 경기 시간의 단축 효과를 얻을 수 있다.

택견 경기의 승부는 상대방을 넘어뜨리는 것으로 결정되지만 또 얼굴을 발로 차면 이기게 되어 있어서 고난도 발 기술의 묘미를 즐길 수 있다. 그리고 상대의 높이 찬 발을 손으로 잡아 넘길 수 있게 하여 함부로 얼굴을 공격할 수 없도록 견제하고 있어서 다양하고 종합적인 기술구사가 가능하게 되어 있다. 이를 두고 '백기신통비각술'이니 '유한한 몸에서 내는 무한한 발 기술의 예술'이라는 찬사가 따르고 있다.

Taekkyeon is effective for physical training.

From ancient times, bare-hand methods of competition have developed with both restricted and open qualities. These methods of competition have unique characteristics according to the ethics and moral standards of a society at a particular period. Taekkyeon was developed on the basis of the traditional values of the Korean people, so its value is very unique and different from other kinds of martial arts.

In Taekkyeon games, the rule of daejeop (serve), which requires a player to place one foot in a position where the opponent can attack it easily, promotes a positive mental state for fighting as well as fair play.

Also, the attacking skill neunjireugi, which avoids severely hurting the opponent, requires players to have a high degree of control over their power. A player should attack the opponent with soft part of the body such as the sole of the foot or the palm instead of using hard parts like the edge of the foot or the fist. He should also attack less vulnerable areas like the head and abdomen.

On the other hand, Taekkyeon has an entertainment aspect which is a very important factor in modern sports. Competition should be appealing for spectators and have moral qualities as well. The time of a match should be restricted, and attack and defense should be active to ensure quick progress and keep the audience's interest. Because a Taekkyeon game is played at close range because of the daejeop rule, progress is not only fast but also dramatic.

A win in Taekkyeon is decided by throwing the opponent or kicking the opponent's face, so spectators can enjoy high level kicking techniques. Also, players cannot freely kick each other, since their feet can be grabbed when they try to kick. Taekkyeon has been called "an art of 100 mystical flying kicks," or the art of unlimited kicking techniques performed by a limited human body.

택견의 무예적 가치
Taekkyeon's Value in Actual Fighting

흔히 택견의 부드럽고 율동적인 동작을 겉으로만 보고서 택견이 실전(실제로 싸움이나 경기를 할 경우)에 적합하지 않다는 반문을 하는 경우가 있다. 그러나 택견의 본질은 어디까지나 대인 격투에서 상대를 제압하는 기술이며 우리 민족이 개발한 최고의 무술이라는 점은 의심할 여지가 없다.

택견의 실전성은 다음과 같은 이유로 설명된다.

① 신체의 모든 부위를 사용하여 다양하고 종합적인 기술을 구사할 수 있다.
② 공격 위주의 적극적인 기법으로 구성되어 있어서 강인한 투쟁심을 일으킨다.
③ 인체를 직접 공격하면서도 일체의 보호구를 사용치 않는다.
④ 율동적이고 부드러운 동작을 기본으로 하여 극한 상황에서도 심신 경색으로 인한 역기능을 최소화하고 순발력을 극대화할 수 있다.
⑤ 겨루기 위주의 훈련으로 형식위주의 수련이 갖는 심리적 제한성을 탈피하여 임기응변의 살아있는 기술 구사가 가능하다.
⑥ 상대방의 동작과 힘의 흐름에 조화를 이루므로 상대방의 기운을 감지하는 능력을 기른다.
⑦ 손보다 3배의 위력을 가진 발 기술을 위주로 한다.
⑧ 근접한 상태에서의 공방에 유리한 기술을 습득함으로써 실제상황의 대응능력을 개발할 수 있다.
⑨ 자연스러운 인체 기능을 이용하므로 신체의 사용에 무리가 적고 에너지 소비가 적다.

Some people wonder if Taekkyeon is effective for real fighting since its movements are soft and rhythmical. However, it is in essence a method of fighting which can dominate the opponent in an actual fight. Taekkyeon is undoubtedly the best martial art developed by the Korean people.

Taekkyeon's usefulness in an actual fight is as follows:

① We can use all parts of the body to execute diverse and comprehensive skills.
② Techniques are mainly for offense instead of defense, so it makes us strong in fighting spirit.
③ We attack the opponent's body directly and do not use protective equipment.
④ Its rhythmic and soft movements minimize stress on the body in extreme situations, as well as maximizing the body's speed and power.
⑤ Its training mainly consists of sparring, so we can use techniques actively in real fighting.
⑥ We can sense the opponent's energy through training which harmonizes action and power.
⑦ It mainly uses foot techniques which are three times stronger than hand skills.
⑧ By practicing attack and defense at close range, it develops the ability to counter close range attacks in real situations.

⑨ Because we use the functions of the body naturally, stress is reduced and energy consumption is moderate.

Song Deok-ki and Ko Yong- woo

(Source: Taegyeon Kim Jeong-yoon(2002)*Taegyeon)*

6. 택견의 훈련방법
Training System of Taekkyeon

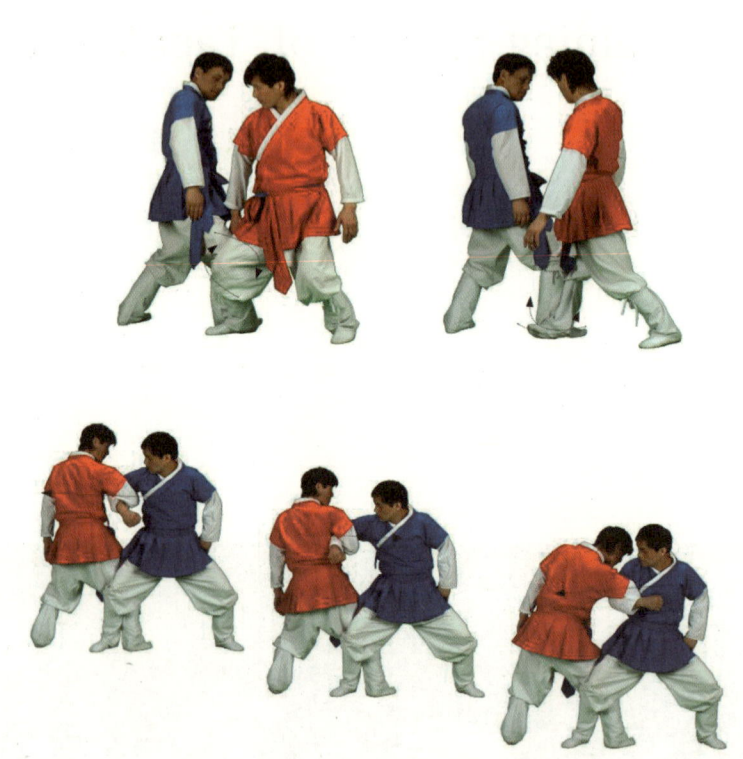

택견의 기본은 앞엣거리(몸풀기)와 기본거리(기본 기술)로 구성되어 있다.

The basics of the Taekkyeon training system are contained in two distinct sections: apetgeori (warm up) and gibongeori (basic techniques).

1) 앞엣거리 / Apet Geori (individual warm up and practice of basic techniques)

앞엣거리는 호흡과 리듬의 조화로 자연스럽게 몸 전체를 풀어주는 동작이다.

Apet geori is an exercise in which you relax your body by moving various parts smoothly in time with your breath.

(1) 오금치기 / Ogeum Chigi

오금치기는 발등으로 오금을 친다. 다리와 무릎을 풀어준다.
Hit the back of the knee with the arch of the foot. This relaxes your legs and knees.

(2) 무릎치기 / Mureup Chigi

발장심으로 앞무릎을 친다. 좌우 번갈아 한 번씩 친다.
Hit the kneecap with the bottom of the foot.
This exercise is repeated on both knees.

(3) 저기기 / Jeogigi

발뒤꿈치로 대퇴부위를 친다.
Hit your thigh with your heel.

(4) 발재기 / Baljaegi

양발을 제기차기 하듯이 다리를 접어서 들어올리기를 반복한다. Repeatedly raise your legs in a motion similar to playing a shuttlecock game.

(5) 무릎재기 / Mureup Jaegi

무릎을 곱꺾어 가슴 높이까지 들어올리기를 반복한다. 엉덩이와 다리를 풀어준다. / Repeatedly raise your bent leg facing toward the front. This relaxes your hips and legs.

(6) 밭너울대기 / Batneoul Daegi

곱꺾어 올린 다리를 안쪽에서 바깥쪽으로 돌린다.

Raise your leg in a flexed position and rotate it outward.

(7) 안너울대기 / Anneoul Daegi

곱꺾어 올린 다리를 안쪽으로 돌린다.

You raise your leg in a flexed position and rotate it inward.

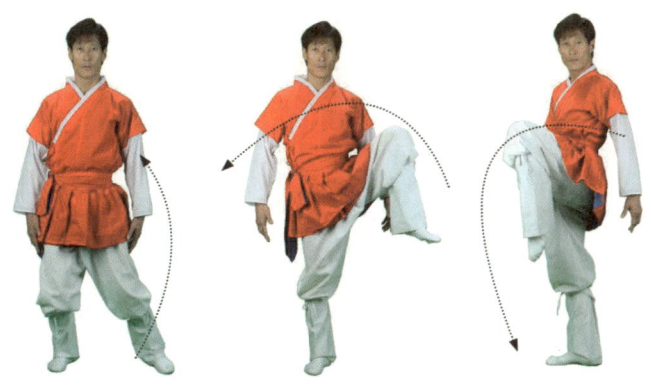

(8) 허리잦기 / Heori Jatgi

손바닥을 허리에 받히고 대각선으로 발을 약간 내밀며 허리를 뒤고 젖힌다. / Place your palms on your hips, spread your feet in a diagonal position and lean backwards.

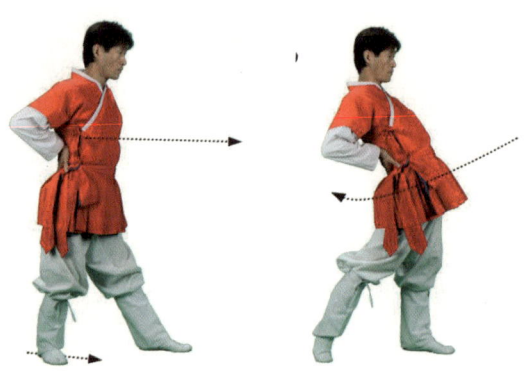

(9) 어깨 돌리기 / Eokkae Dolligi

어깨를 앞뒤로 돌려준다. / Rotate your shoulders.

(10) 두드리기 / Dudeurigi

손바닥을 팔과 어깨, 허리, 등을 골고루 두드린다. 손바닥을 뒤집어 실시한다. 이 동작을 반복해서 한다.

Lightly pat various parts of your arms, shoulders, back and shoulder blades with the palm of your hand and pat your back with the back of your hand. Repeat this exercise.

2) 기본거리(기본기술) Gibon Geori (Basic Techniques)

기본거리는 택견의 가장 기본적인 기술이며, 각 개인이 혼자서 낱기술로 익힐 수 있다.

Gibongeori includes the most basic techniques in Taekkyeon and can be practiced by individuals alone.

(1) 품밟기 / Pumbalpgi (Footwok)

품밟기는 기본거리 주에서도 기본이 되는 가장 중요한 기술이다. 한쪽 발을 상대방 앞으로 내딛는 단순한 동작이지만 여기에 택견의 기술원리가 함축되어 있다. 어떤 무예의 기술이라도 품밟기의 동작원리를 적용하면 모두 택견 경기기술이 될 수 있다. 품밟기는 기본적으로 4가지로 구분된다. 빗밟기, 길게밟기, 눌러밟기, 제품밟기이다.

Pumbalpgi is a basic movement which is considered to be the most important technique in Taekkyeon. It is a simple movement in which you place one foot forward towards the opponent, but pumbalpgi contains the principles of Taekkyeon techniques. If the principles of pumbalpgi are applied to any other martial art technique, it can be regarded as a Taekkyeon competition skill. Pumbalpgi is basically divided into four types: bitbalpgi, gilgebalpgi, nulleobalpgi, jepumbalpgi.

▶ 품밟기의 기본요령

첫째, 한쪽 다리의 오금을 구부리며 체중을 옮긴다. 이것을 '굼실'이라 한다.

둘째, 나머지 한쪽 다리를 내딛으며 구부린 다리의 오금을 편다. 이때 아랫배를 앞으로 내밀고 허리를 젖힌다. 이것을 '능청'이라 한다.

셋째, 당겨진 고무줄을 탁 놓아버리듯이 뱃심을 빼고 뒤쪽 다리를 구부리며 체중을 처음과 같이 뒤쪽 다리에 옮긴다.

넷째, 앞의 발을 당겨 뒤의 발을 옆에 놓으며 오금을 구부리고 굼실거리며 체중을 옮겨 싣는다.

다섯째, 처음 구부렸던 다리를 앞으로 내딛으며 뱃심을 내민다. 이와 같은 동작을 반복하는 것이 품을 밟는 것이다.

▶ Basic Points:

First	Bend one of your knees and shift your weight. (gumshil)
Second	Place the other foot forward and straighten the bent knee. At the same time, push out your lower abdomen (baet-shim guh-ee) and lean backwards (neung-cheong). Around 20% of your weight is supported by the front leg, therefore it is called heotbalpgi.
Third	As if letting go of an elastic band, let go of baet-shim and bend your hind knee, moving your weight back once again.
Fourth	Pull your apet-bal (front foot) towards your dwiet-bal (rear foot) and place them beside each other. Bend your knees (gumshil) and shift your weight.
Fifth	Step forward once again with the leg you originally bent and let go of baet-shim (neung-cheong). Repeating these steps is called pumbalpgi.

▶ 빗밟기(기본 품밟기) / Bitbalpgi (Basic Step)

가장 기본형태의 품밟기이다. 오른다리 오금을 구부렸다가 펴면서 왼발을 앞쪽 사선으로 내딛으며 좌품左品을 밟았다가 발을 바꾸어 사선으로 내딛어 우품右品 밟는 것을 반복한다.

This is the most basic form of pumbalpgi. Bend your right knee, bring your left foot in front diagonally and step into jwa-pum (left stance). Next, change your feet and bring your right foot in front diagonally to step into u-pum (right stance).

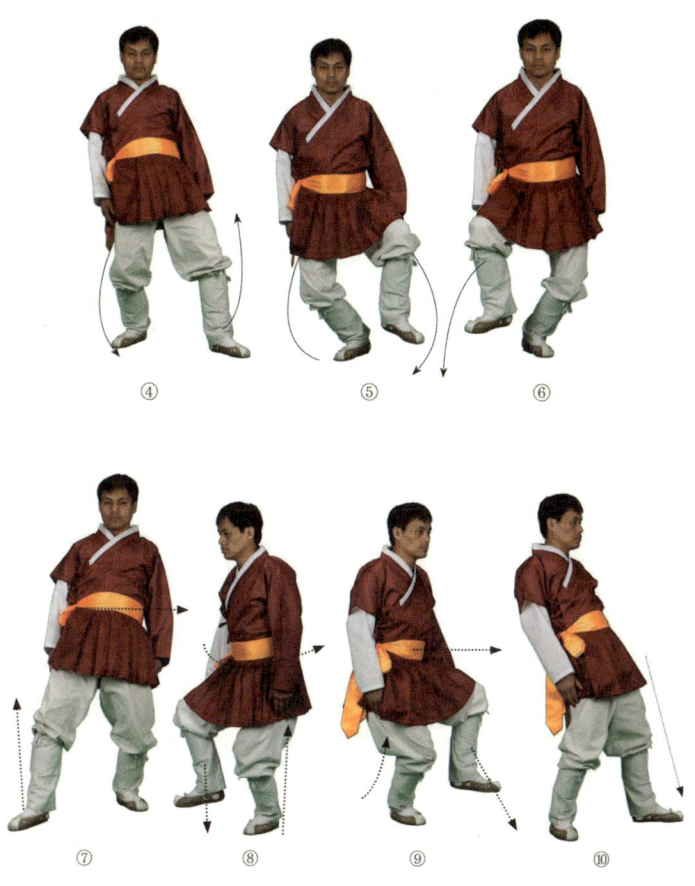

▶ 길게 밟기 / Gilge Balpgi (Long Step)

왼발을 앞으로 내딛었다가 거두어 한 걸음 뒤로 물러나 디딘다. 오른발을 가볍게 들어 발끝이 똑바로 정면을 보게 내려 밟는다. 다시 오른발을 들어 올려 발끝이 45도 벌어진 모양으로 내려딛는다. 그 후 왼발을 앞으로 한걸음 내딛는다. 이 동작을 발을 바꾸어 연습한다.

Bring your left foot forward and then move it back one step and set it down. Lightly raise your right foot and lower it so that your foot is pointing straight to the front. Raise your right foot once again and lower it so that it is pointed in a 45 degree angle. Next, take a step forward with your left foot. Practice this movement with alternating feet.

① ② ③

▶ 눌러 밟기 / Nulleo Balpgi (Pressing Step)

왼발을 들어 앞으로 크게 내딛는다. 이때 체중의 70%를 앞쪽 다리에 싣는다. 왼발을 거두어 뒤로 당겨 딛고 오른발을 내딛는다. 이를 반복한다.

Raise your left foot and take a long step forward. Shift 70% of your weight to your front leg. Move your left foot back and bring your right foot forward. Repeat this movement.

▶ 제품 밟기 / Jepumbalpgi (Retracting Step)

빗밟기와 같은 동작이다. 좌품을 밟았다가 오른다리에 굼실을 넣으며 왼발을 거두어 들였다가 왼발을 다시 앞으로 내딛는다. 이 동작을 발을 바꾸어 연습한다. 이를 반복한다.

Step into left jwa-pum in the same way as bitbalpgi. Bend your right knee and bring your left foot slightly inward, then place it formard again. Practice this movement with alternating feet. Practice this movement with alternating feet.

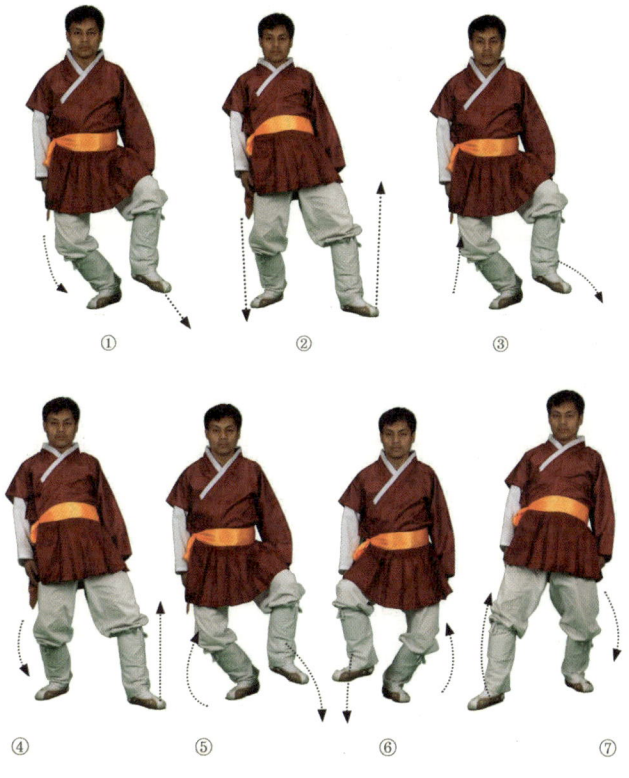

⑧　　　　　　　⑨　　　　　　　⑩

(2) 활개짓 / Hwalgaejit (Arm Swinging)

품을 밟으며 몸의 움직임에 따라 자연스럽게 두 팔을 흔들어 몸의 균형과 동작의 순발력을 높이고 예비적 방어를 하며 상대의 시선을 방해하는 효과를 얻는다. 기본 활개짓은 흔들기와 눈끔적이 2 가지의 동작이 있다.

Swing both of your arms in different ways while doing pumbalpgi. This skill is effective for developing balance and agility, preparing defensive actions, and interfering with the opponent's vision. There are two basic kinds: heundeulgi and nunkkeumjeogi.

▶ 흔들기 / Heundeulgi (Low Arm Swing)

두 손을 함께 오른쪽 왼쪽으로 흔든다.
Move your two hands together and swing them left and right.

▶ 눈끔적이 / Nunkkeum Jeogi (Distracting Arm Swing)

손으로 상대의 눈앞을 어리대듯이 눈을 깜빡이게 한다. 바깥쪽에서 안쪽으로 끌어당기듯이 손을 가로저어 준다.

Use your hands to make the opponent blink by distracting his eyes. Move your hands from the outside similar to a pulling action.

① ② ③ ④

(3) 딴죽 / Ddanjuk (Low Leg Techniques)

다리와 발로 상대의 하단을 공격하는 기술이다. 차기, 걸이, 지르기, 깎기, 밟기, 저기기 등이 있다. 그 종류는 6종류 등의 기술로 구성되어 있다.

You attack the opponent's lower area with your legs and feet. There are various skills in ddanjuk, such as straight kicks, hooks, pushes, scrapes, special footwork, pulling kicks, and others. It is divided into six techniques.

▶ 회목치기 / Hoemok Chigi (Inside Ankle Sweep)

발장심으로 상대의 발목 아래를 친다.
Hit the opponent's ankle with the sole of your foot.

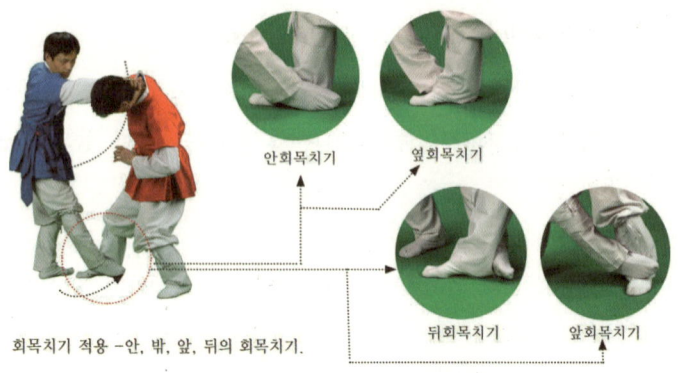

▶ 밭장치기 / Batjang Chigi (Outside Ankle Sweep)

발등으로 상대의 발회목을 바깥쪽에서 안쪽으로 친다.

Using the instep, strike the opponent's ankle from outside to inside.

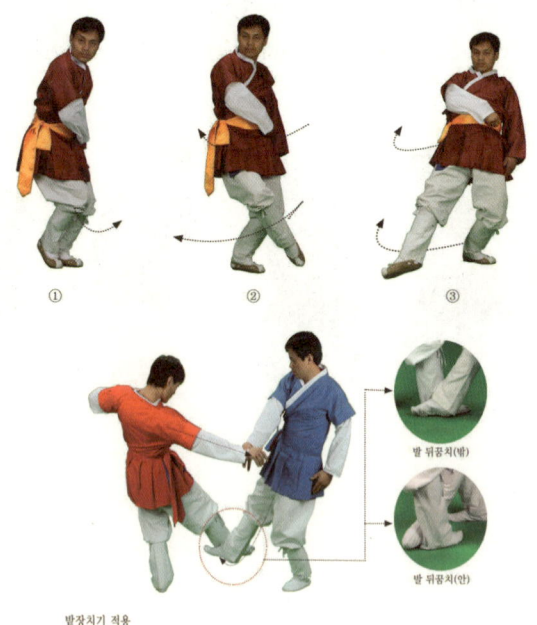

▶ 학치지르기 / Hakchi Jireugi (Knee Thrust)

상대의 무릎을 밀어서 넘기는 기술이다.

Push the knee to make the opponent fall down.

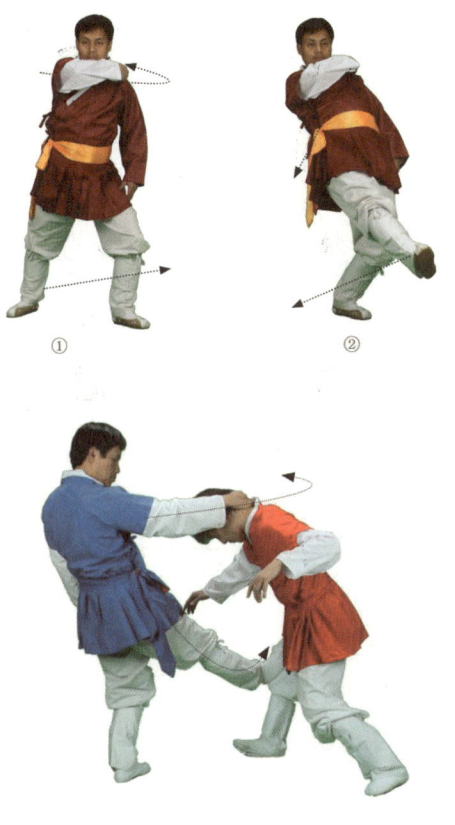

학치지르기

▶ 안짱걸이 / Anjjanggeori (Toe-in Sweep)

발목을 구부려서 상대의 발뒤꿈치를 걸어 당긴다.
Twist your ankle and pull the opponent's heel.

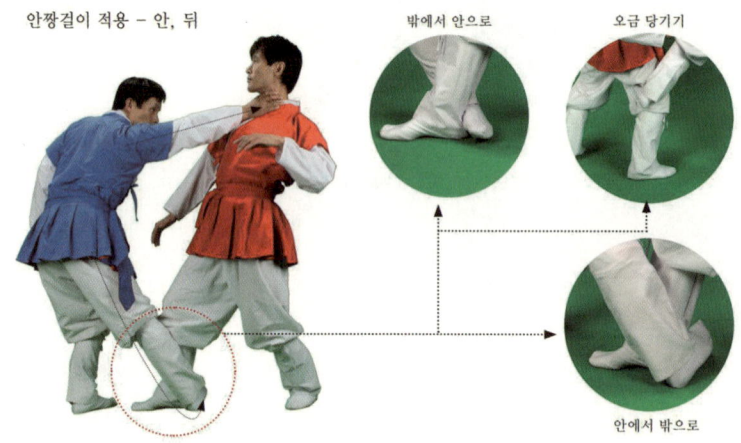

▶ 낚시걸이 / Naksigeori (Fishhook Reap)

상대의 오금을 걸어 당긴다.
Pull the back of the opponent's knee.

①

②

낚시걸이 적용 - 안, 밖

밭낚시걸이

안낚시걸이

▶ 깎음다리 / **Kkakeum Dari (Shin Scrape)**

발을 가로눕혀 발장심으로 정강이뼈를 무릎에서 발목까지 깎아 내린다.
Hold the foot horizontally and strike down at the ankle along the shin.

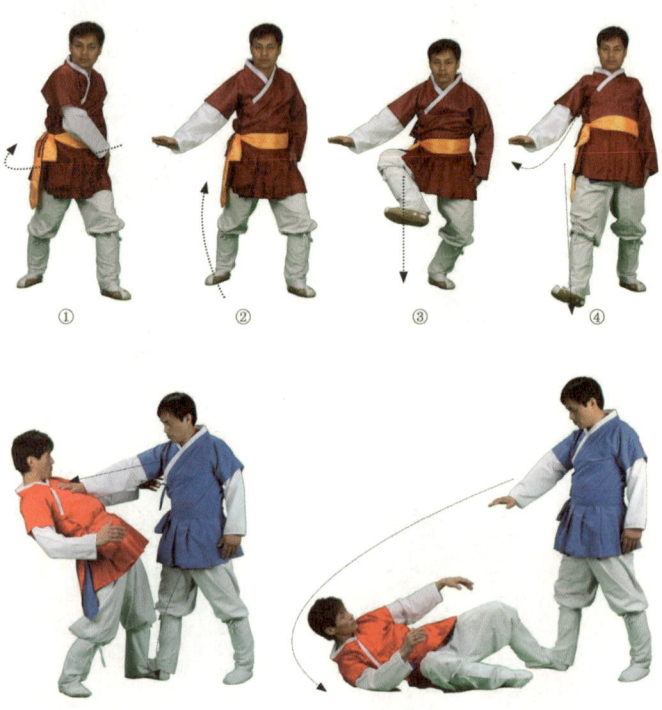

(4) 차기 / Chagi (Kicks)

상대의 허리 이상부위를 발로 차는 기술이다. 발차기에는 차기, 지르기, 치기가 있다. 그리고 차기에는 6종류 등이 있다.

You kick to parts of the body above the waist. There are both striking and pushing kicks. They are divided into six basic kinds.

▶ 제겨차기 / Jegyeo Chagi (High Front Kick)

상대의 턱 또는 목을 발등으로 찬다.

Kick upwards to hit the opponent's chin or neck.

▶ 내지르기 / Naejireugi (Push Kick)

다리를 가슴까지 곱꺾어 앞으로 내질러 찬다.

Bring your leg up to your chest and kick in a pushing motion.

▶ 두름치기 / Dureum Chigi (Round Kick)

이 기술은 발등으로 바깥쪽에서 안쪽으로 후려찬다.

Use the top of the foot to kick from outside to inside.

▶ 곁치기 / Gyeot Chigi (Twist Kick)

이 기술은 발등으로 안쪽에서 밖으로 찬다.

Use the top of the foot to kick from inside to outside.

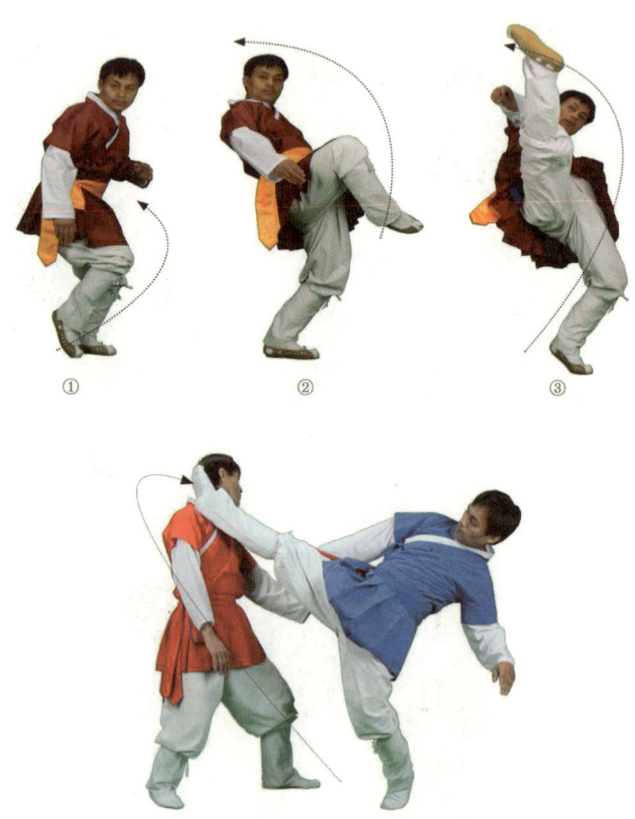

▶ 발따귀 / Balddagwi (Crescent Kick)

발을 높이 들어 올려 바깥쪽에서 안쪽으로 발바닥으로 상대의 얼굴을 후려 찬다.

Raise your foot high and hit the cheek with the bottom of your foot from outside to inside.

▶ 가로지르기 / Garo Jireugi (Side Kick)

몸을 가로로 틀어 옆으로 가로 눕혀 발바닥으로 내질러 찬다.
Position your body sideways, slant your foot horizontally and kick with the bottom of the foot.

(5) 손질 / Sonjil (Hand Techniques)

손질은 손을 사용하는 택견기술이다. 손질은 옛법이 있으나 경기에서는 사용할 수 없으며, 경기에서 공격한 상대의 발을 잡거나 밀어서 넘어뜨리는 기술로 사용하는 주기법이다. 손질에는 4종류 등으로 구성되어 있다.

Sonjil means techniques of Taekkyeon using the hands. The structure of the human body makes it impossible to exclude sonjil, making it a very important skill. Also, most sonjil techniques are part of yaetbeop (lit. "old skills" or techniques for combat), while competition mainly involves techniques for grabbing or pushing the legs or feet in order to throw an opponent. There are four basic techniques.

▶ 회목잽이 / Hoemok Jaebi (Ankle Grab)

상대의 발차기를 손으로 잡는 기술이다.
Catch the opponent's ankle when he kicks.

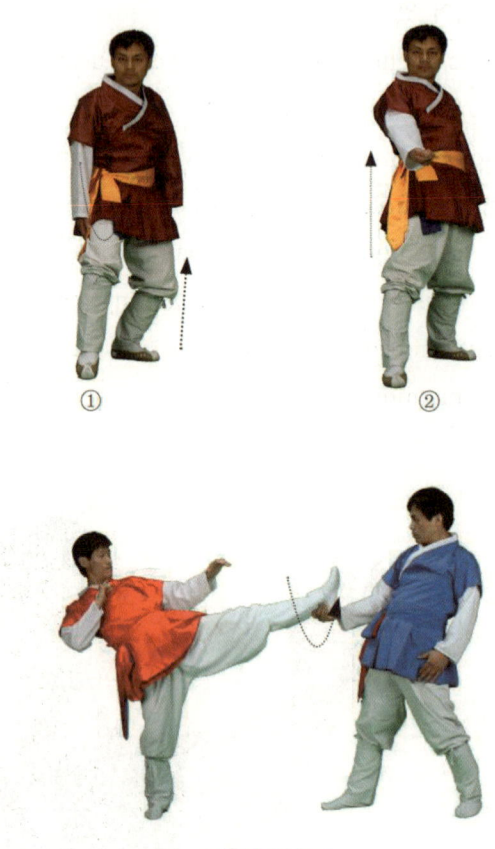

발회목잽이

▶ 칼잽이 / Kal Jaebi (Yoke-Hand)

손아귀로 상대의 목을 민다. 칼은 옛날 죄수들 목에 씌우는 형구로서 동작이 그 형태와 비슷하여 붙여진 이름이다.

Push the opponent's neck with the space between the thumb and fingers. Kal (칼) means a yoke. This was used for punishing criminals, so the technique was named after it.

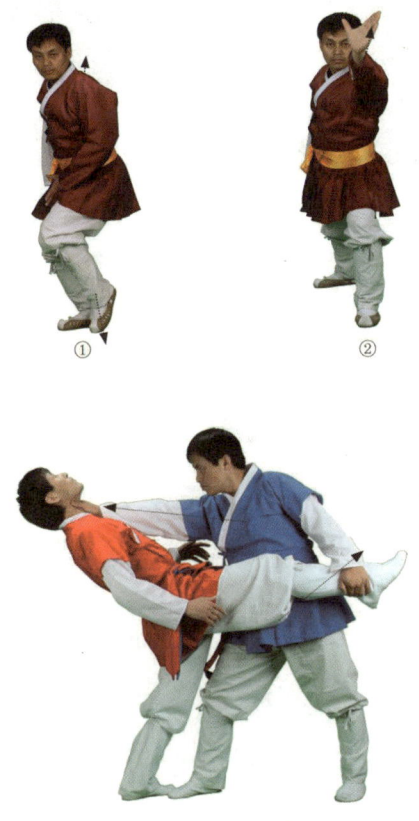

회목잽이 칼잽이

▶ 빗장붙이기 / Bitjang Butigi (Forearm Press)

상대의 가슴이나 목에 팔을 걸치듯이 가로눕혀 반대로 미는 기술이다.

Position your arm horizontally against the opponent's chest or neck and push forward.

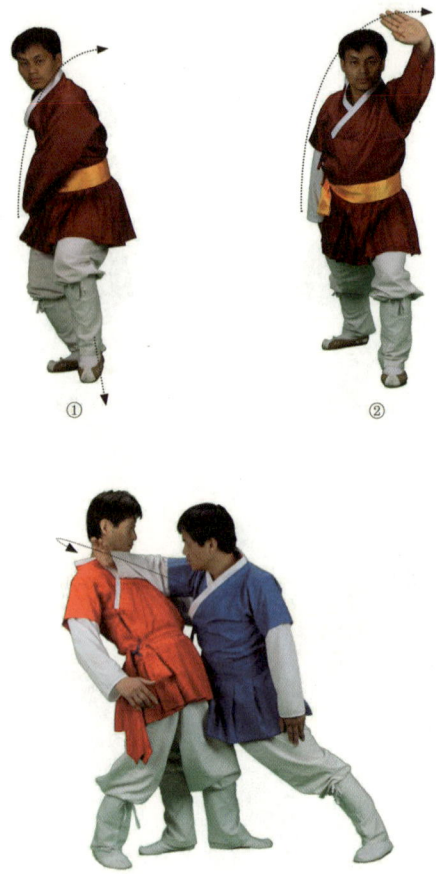

▶ 떼밀기 / Ddaemilgi (Straight Push)

손바닥으로 상대의 가슴이나 이마를 민다.
Use the palm of your hand to push the opponent's chest or forehead.

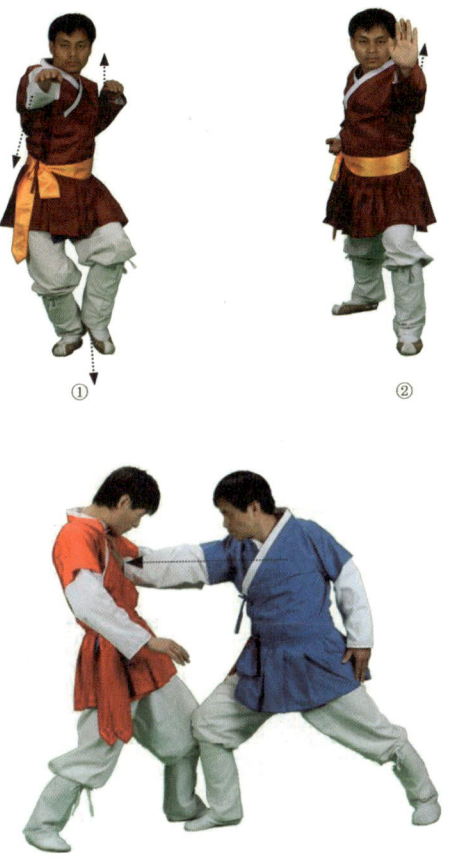

7. 겨루기 기술훈련의 실제

Training for Gyeorugi (Free Fighting)

이 장은 두 사람이 마주 상대하여 연습하는 과정으로 전형적인 택견연습 방법이다. 겨루기는 택견의 핵심인 품밟기를 이용한 기술의 적용방법과 실제 겨루기에서 많이 사용되는 공격연결기술과 되받기로 각 기술을 구분하여 간략하게 소개한다.

This is a standard method of training in Taekkyeon, in which two people practice with each other. Gyeorugi will be presented in two parts. The first introduces how to apply gyeorugi techniques using pumbalpgi, which is the core of Taekkyeon. The second is about combinations of attacking techniques, which are used in real gyeorugi. Various countering techniques will also be introduced.

1) 품밟기의 적용 / Pumbalpgi Applications

(1) 공격받은 발을 이용한 되받기 / Countering with the Attacked Foot

　　회목치기 / Hoemok Chigi → 내지르기 / Naejireugi

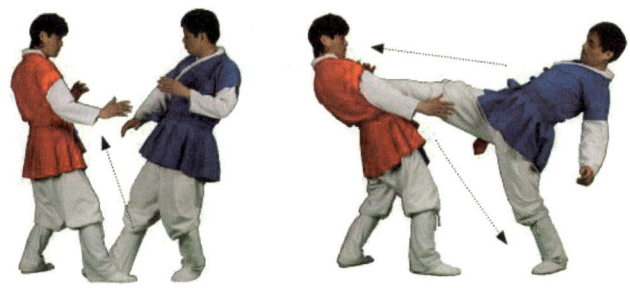

(2) 공격받은 반대 발을 이용한 되받기 / Countering with the Free Foot

　　덧걸이 / Deot Geori → 가로지르기 / Garo Jireugi

2) 공격연결기술 / Combinations for Attack

다양한 공격을 연속으로 연습하는 방법이다. 한 번의 공격으로 상대로부터 승리하기 쉽지 않다. 그러므로 딴죽과 차기의 연속공격기술은 승리를 위한 중요한 요소이다.

These are methods for combining attacking techniques. An attack from your opponent is not easy to counter. Therefore, combinations using ddanjuk and kicks are important elements for victory.

❖ 공격연결기술 분류표 / Types of Combinations for Attack

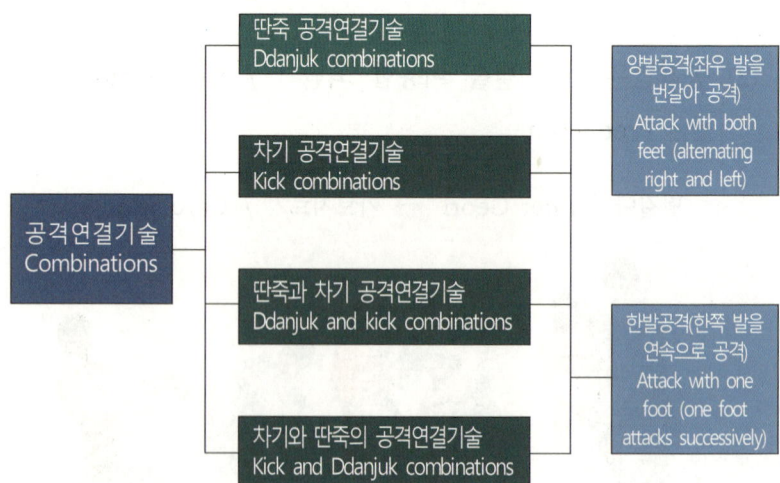

(1) 딴죽 공격연결기술 / Ddanjuk Combinations

이 장은 딴죽 공격 후 다양한 상대의 움직임에 따라 품밟이 버티거나 물러나는 상황에 따라 공격하는 기술이다. 겨루기에서 많이 사용하는 대표적인 기술을 소개한다.

These techniques involve attacking in different ways depending on whether an opponent's feet stay in one place or move backward in response to a previous ddanjuk attack. This section introduces many representative techniques used in competition.

▶ 딴죽의 양발 공격연결기술 / Ddanjuk Combination with both Feet

사면으로 한발 나가면서 상대의 회목치기 공격 후 연속적으로 뒤회목을 걸어서 넘긴다.

Move one foot to the side while attacking the opponent with hoemok chigi. Then, throw the opponent with dwihoemok chigi (reverse ankle sweep).

회목치기 / Hoemok Chigi → 뒤회목치기 / Dwihoemok Chigi

① ② ③

▶ 딴죽의 한발 공격연결기술 / Ddanjuk Combination with one Foot

상대의 발목을 안짱걸이로 공격 시에 버티면 힘을 역이용하여 들어가면서 안낚시걸이로 걸어서 넘긴다.

Attack the opponent's ankle with anjjang geori. If the opponent maintains his balance, redirect his momentum while moving close in, then throw the opponent using annaksi geori.

안짱걸이 / Anjjang Geori → 안낚시걸이 / Annaksi Geori

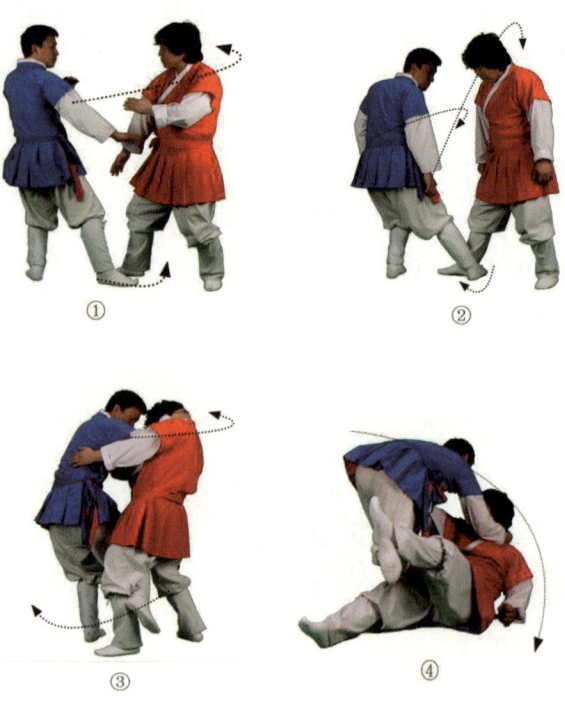

(2) 차기 공격연결기술 / Kick Combinations

택견경기에서 차기는 상대를 넘어뜨리는 도괴력倒壞力을 위주로 한다. 공격은 강한 발모서리나 발뒤꿈치를 사용하지 않고, 발장심이나 발등 같은 부드러운 부위로 상대에게 상해를 입히지 않으면서 차서 넘어뜨리거나 얼굴을 차면 승리한다.

Kicking in Taekkyeon competition is mainly to knock or push an opponent down. Avoid using the side of the foot or heel since the effect could be harmful. Instead, use the sole or instep, which are soft parts of the foot, so that the opponent is not injured. You win by kicking the opponent's face or causing him to fall down. This section introduces combinations with basic Taekkyeon kicks.

▶ 차기의 양발 공격연결기술 / Kick Combination with both Feet

내지르기 후 상대가 옆으로 피하면 연속적으로 두름치기로 공격한다. If an opponent moves to the side to avoid nae jireugi, attack with dureum chigi using the opposite leg.

내지르기 / Nae Jireugi → 두름치기 / Dureum Chigi

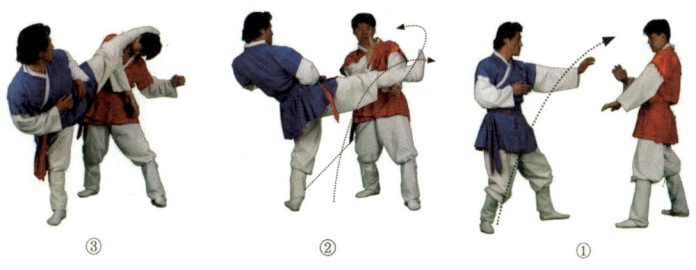

▶ 차기의 한발 공격연결기술 / Kick Combination with one Foot

느지르기 공격 후 연속적으로 두름치기로 공격한다.
Attack with neunjireugi, then follow with a round kick using the same leg.

느지르기 / Neunjireugi → 두름치기 / Dureum Chigi

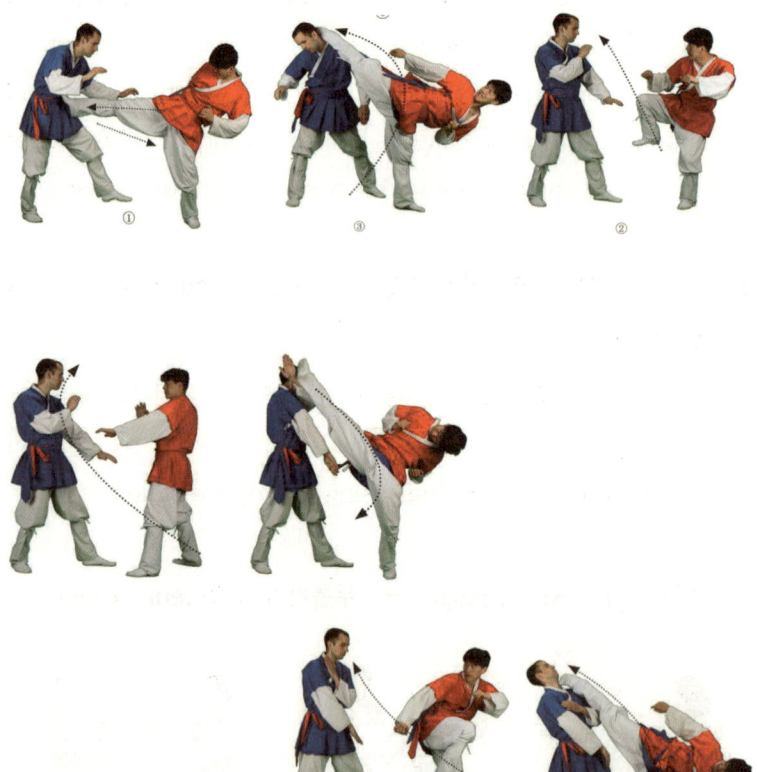

(3) 딴죽과 차기 공격연결기술 / Ddanjuk and Kick Combinations

택견의 겨루기는 딴죽과 차기를 함께 사용한다. 이는 선수의 다양한 기술과 전략 및 전술을 만들 수 있다. 경기규칙은 상대의 목덜미를 잡고 차면 크게 다칠 수 있어 반칙이므로 주의해야 한다.
In Taekkyeon competition, a player should use both ddanjuk and kicks. In doing so, the player can develop various strategies and techniques. However, it is a foul to kick an opponent while holding his neck, since the opponent could be severely hurt.

▶ 딴죽과 차기의 양발 공격연결기술

Ddanjuk and Kick Combination with one Foot

상대의 발을 학치지르기로 걷어내고 연속적으로 가로지르기 공격한다.
Sweep the opponent's foot using Hakchi Jireugi, then follow with garo jireugi using the same leg.

학치지르기/ Hakchi Jireugi → 가로지르기 /Garo Jireugi

▶ 딴죽과 차기의 한발 공격연결기술

Ddanjuk and Kick Combination with both Feet

학치지르기로 상대의 중심을 흔들고 밭발따귀 공격한다.
Unbalance the opponent using hakchi jireugi, then follow with batbalddagwi (hook kick) using the opposite leg.

학치지르기/ Hakchi Jireugi → 밭발따귀/Batbalddagwi

(4) 차기와 딴죽의 공격연결기술

Kick and Ddanjuk Combinations

단발의 공격으로 상대를 이기기 쉽지 않다. 그러므로 차기와 딴죽의 연속공격이 효과적이다. 택견은 상단과 gkesk, 하단과 상단, 전후좌우 등 다양한 형태의 차기를 사용한다.

Beating an opponent with just one attack is not easy. Therefore, combinations of kicks and ddanjuk techniques are effective. Taekkyeon uses various kicking patterns, from upper to lower, lower to upper, front to back, and to both sides.

▶ 차기와 딴죽의 양발 공격연결기술

Kick and Ddanjuk Combination with both Feet

상대가 밭발따귀를 피하면 연속적으로 밭장치기로 공격한다.

If the opponent avoids an attack with batbalddagwi, follow with ogeum chigi using the opposite leg.

발따귀 /Batbalddagwi → 오금차기/Ogeum Chagi

① ② ③

▶ 차기와 딴죽의 한발 공격연결기술

Kick and Ddanjuk Combination with one Foot

제겨차기로 얼굴 공격 후 연속적으로 오금차기한다.
Attack the face with Jegyeo chigi, then follow with ogeum chigi (knee sweep).

제겨차기/ Jegyeo Chagi → 오금차기 / Ogeum Chagi

(5) 복합공격연결기술 / Complex Combinations

택견 겨루기의 경기규칙은 다양한 형태의 기술을 사용할 수 있다. 특히 차기와 딴죽의 상하공격이 자유롭도록 다양한 복합공격연결기술 연습이 필요하다. 이러한 다양한 형태의 연결기술의 연습은 선수들의 기량을 높이는 꼭 필요한 연습이다. 본 장에서는 3번의 연결기술 중 한가지의 예를 소개한다.

The rules for Taekkyeon competition allow diverse kinds of techniques. To freely use various complex attacks, it is necessary to combine special kicks and ddanjuk techniques. This section presents an example of a three-part combination.

◈ 복합공격연결기술 / System for Complex Combination Techniques

① 딴죽/ddanjuk+차기/kick+딴죽/ddanjuk
② 차기/kick+딴죽/ddanjuk+차기/kick
③ 딴죽/ddanjuk+차기/kick+차기/kick
④ 딴죽/ddanjuk+딴죽/ddanjuk+차기/kick
⑤ 차기/kick+차기/kick+딴죽/ddanjuk

▶ 딴죽+딴죽+차기의 공격연결기술

Combination with Ddanjuk + Ddanjuk + Kick

회목치기하고 덧걸이 그리고 두름치기로 연속적인 공격을 한다.
Attack with hoemok chigi and deot geori (inner reap), then follow with dureum chigi.

회목치기/Hoemok Chigi → 덧걸이/Deot Geori → 두름치기/Dureum Chigi

3) 되받기 / Doebatgi (Counters)

되받기 기술이란 상대의 공격을 역으로 되받아 공격하는 기술이다. 즉 상대의 허점과 힘을 역이용하여 상대를 제압하는 기술이다. 상대 선수가 공격을 하도록 유도하거나 상대의 공격 순간이나 공격이 끝나는 시점 등이 되받기의 기회이다. 또한 되받기 기술은 상대 선수의 체격에 따라 거리가 다르다. 되받기 기술에는 손질, 딴죽, 차기 등으로, 공격하는 방법에 따라 한발 되받기 또는 두발 되받기 또는 공격 상황에 따라 공격하는 발 되받기, 축의 발 되받기 등으로 나누어진다. 상대의 되받기 기술을 다시 되받기 하는 기술 등으로 진행된다. 본 장에서는 되받기의 예를 간략하게 소개한다.

Doebatgi skills are for reversing an opponent's attack. In other words, they are techniques for turning an opponent's strength against him and exploiting his weak spots. Good opportunities for doebatgi are when the opponent is induced to attack, at the moment and at the end of an attack. Sonjil, ddanjuk, kicks and other techniques are used for doebatgi. Depending on the countering method, you can use one or both feet, and you can also counter an opponent's counter. Several examples of doebatgi techniques are briefly introduced in this section.

◈ 되받기 기술 분류표

Table of Doebatgi Techniques

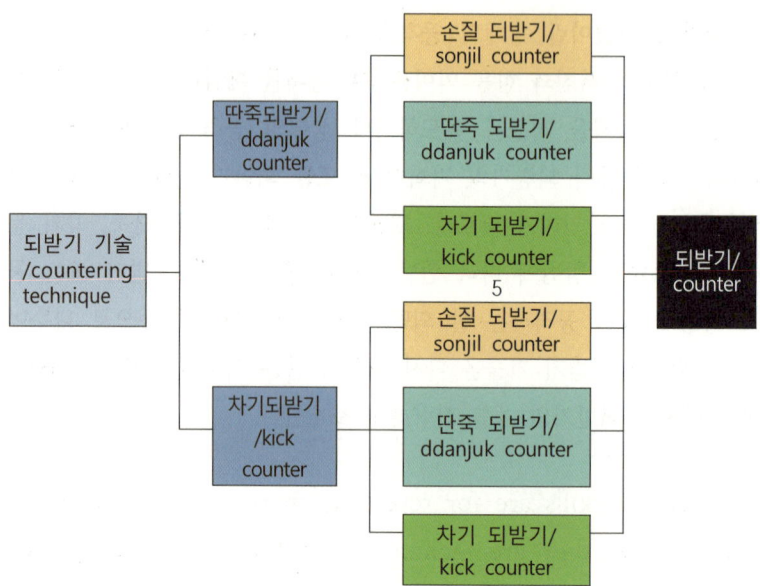

(1) 딴죽 되받기 / Ddanjuk Doebatgi (Counters for Low Attacks)

딴죽 되받기는 상대의 딴죽을 손, 딴죽, 차기로 되받는 기술이다. 상대의 힘과 허점을 역이용하고 정면, 측면, 회전력 등으로 어깨와 몸의 중심과 발의 움직임으로 되받기 한다.

Counter an opponent's ddanjuk attack with the hands, another ddanjuk technique, a kick, or some other technique. Redirect the opponent's strength and exploit his weak points, countering with front, side, turning, and other motions using the shoulders, body weight, and movement of the feet.

▶ 손질 되받기 / Sonjil Doebatgi (Counter with a Hand Technique)

이 기술은 손으로 상대의 목과 몸통 그리고 오금 이상부위의 다리를 받쳐서 넘기는 기술이다. 손기술은 허리 아래의 부위를 위로 끌어올리면 반칙이 되므로 아래쪽 손은 고정하고 위쪽의 손에 체중을 실어 되받기 한다.

Grasp the opponent's neck, torso, or the area of the leg around the back of the knee, and overturn him. Using sonjil to pull up the lower part of the waist is a foul. Therefore, counter by holding with the lower hand and pushing with the upper hand.

덧걸이 / Deot Geori - 양손긁기 / Yangson Geulkgi

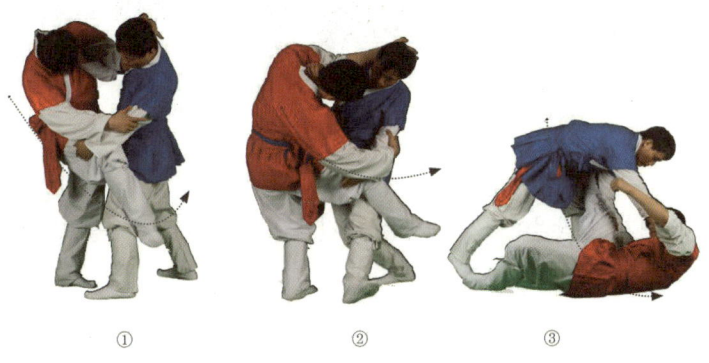

① ② ③

왼발의 뒤꿈치를 축으로 회전하면서 양손 긁기로 넘긴다.

Rotate your body on your left heel and use yangson geulkgi (two-hand press) to throw the opponent.

▶ 딴죽 되받기 / Ddanjuk Doebatgi (Counter with a Low Attack)

딴죽 되받기는 상대의 힘을 역이용하여 공격하는 기술로 상대의 공격 타이밍에 따라 되받기의 기술도 다양하게 구분할 수 있다.

Attack the opponent by using his power against him. You can use various techniques depending on the timing of the opponent's attack.

안짱걸이/ Anjjang Geori → 밭장치고 오금밟기 /Batjang Chigi and Ogeum Balpgi

상대가 안짱걸이로 공격하는 순간에 밭장치기로 중심을 빼앗으면서 오금을 밟아 넘긴다.

The moment the opponent attacks with anjjang geori, unbalance the opponent using bat chigi and push him down by stepping on the back of his knee.

▶ 차기 되받기 / Chagi Doebatgi (Counter with a Kick)

차기 되받기는 상대의 딴죽 공격을 역이용하여 차기로 되받는 기술이다.

Counter an opponent's ddanjuk attack by kicking.

안짱걸이 / Anjjang Geori - 두름치기 / Dureum Chigi

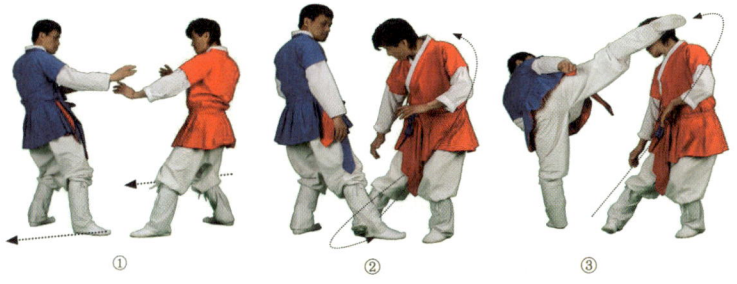

상대의 안짱걸이 공격을 두름치기로 되받아 공격한다.

Counter Anjjang Geori with dureum chigi by using the momentum of the opponent's attack along with your waist elasticity.

(2) 차기 되받기 / Chagi Doebatgi (Counters for Kicks)

차기 되받기는 팔과 손, 딴죽, 차기로 되받기 한다. 이는 타이밍에 따라 공격을 하는 순간, 공격 후 되돌아가는 순간에 상대의 허점과 타이밍을 이용하여 되받는 기술이다.

Counter kicks using the arms, hands, ddanjuk techniques as well as kicks. At the moment of an opponent's attack or immediately after, counter by using timing to find the opponent's weak points.

▶ 손질 되받기 / Sonjil Doebatgi (Counter with a Hand Technique)

두름치기/ Dureum Chigi －낚시걸이 / Naksi Geori

① ② ③

상대가 두름치기로 공격을 하는 힘과 허리의 회전력을 이용하여 낚시걸이로 넘긴다.

Using the momentum of the opponent's dureum chigi attack along with the rotational power of your waist, throw the opponent using naksi geori.

▶ 딴죽 되받기 / Ddanjuk Doebatgi (Counter with a Low Attack)

상대에게 딴죽 공격 후 상단 공격 되받기에 대한 하단 되받기 기술이다.

Counter to the opponent's lower body when he makes a high attack.

안짱걸이 / Anjjang Geori - 오금밟기 / Ogeum Balpgi

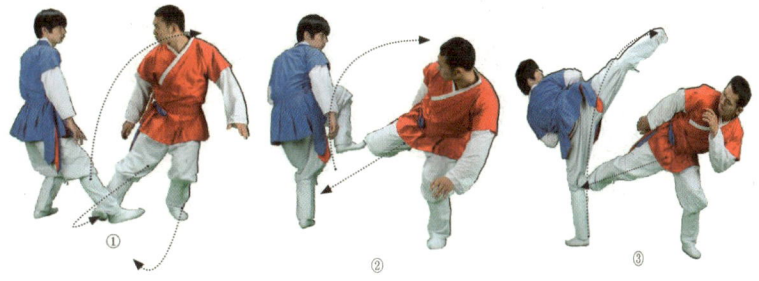

안짱걸이로 공격을 가로지르기로 되받기 하면 오금밟기로 밟아 넘긴다.

When the opponent attacks with anjjang geori, counter using karo jireugi and then throw the opponent using ogeum balpgi (knee press).

▶ 차기 되받기 / Chagi Doebatgi (Counter with a Kick)

상대가 발을 차는 순간 되받기 한다.

The moment the opponent raises his foot to kick, use doebatgi to counter it.

발따귀 / Balddagwi - 느지르기 / Neunjireugi

발따귀로 공격하면 뱃심으로 상대의 아랫배를 느지르기로 차서 넘어뜨린다.

If the opponent attacks using balddagwi, push the opponent's lower abdomen using neunjireugi to make him fall.

(3) 덜미잽이 되받기

Deolmi Jaebi Doebatgi (Counters for Neck Holds)

택견 경기에서 상대방의 옷을 잡으면 반칙이다. 옛 택견경기는 선수복이 별도로 없고 평상복인 고의적삼이나 두루마기 등을 입고 겨루기를 했던 것을 그림을 통해서 볼 수 있다. 그 당시는 의복이 하나의 중요한 재산이므로 옷이 찢어지는 것을 우려하여 옷을 잡으면 반칙으로 적용하였다. 그래서 상대의 목덜미 잡기, 어깨걸기, 맴돌리기 등으로 중심을 빼앗아 넘긴다. 이장의 기술은 덜미잽이에 대한 되받기이다.

In Taekkyeon competition, it is a foul to grab the opponent's uniform. In the past, according to pictures, there were no special clothes for Taekkyeon competition. Players wore regular clothes such as Korean-style light jackets and trousers or overcoats. At that time clothes were a kind of important property, and people worried about them being torn, so grabbing clothes was considered against the rules. Therefore, players use techniques like mokdeolmi japgi, eoggae geolgi, and maemdolligi to cause an opponent to fall by unbalancing him. The techniques here are to counter deolmi jaebi.

① ② ③

① 팔오금 누르기 / Press the crook of the arm

② 팔꿈치 누르기 / Press the elbow

③ 정면 팔오금누르기 / Press the crook of the arm

① 상대가 덜미를 잡으면 오른발을 뒤로 빼면서 한손은 손목을 잡고 체중을 실어 팔오금을 누른다.

② 상대가 덜미를 잡으면 오른발이 뒤로 빠지면서 상대의 팔꿈치를 누른다.

③ 상대가 덜미를 잡으면 발을 뒤로 빼면서 공격자의 정면으로 체중을 실어서 팔오금을 누른다.

① If an opponent grabs the back of your neck, move your right foot back, grasp the opponent's wrist with one hand and press the crook of his arm using your body weight.

② If an opponent grabs the back of your neck, move your right foot back, grasp the opponent's wrist with one hand and press his elbow down.

③ If an opponent grabs the back of your neck, move one leg back and from the front press the inner elbow using your body weight.

8. 택견의 경기 규칙
Competition Rules for Taekkyeon

대한택견회는 현대 격투기 스포츠 종목에서 경기 규칙의 틀을 빌려 세부적인 경기규칙을 작성하였다. 다음은 경기 규칙을 간단하게 요약한 것이다.

Korea Taekkyon Federation had made specific game rules similar to the structure of modern martial art sports with the principle of that base. Taekkyon's simple game rules are as follows.

1) 경기장 / Stadium

(1) 경기장 / Arena

사방 8m의 매트 중앙에 지름 2m의 원 폭을 5㎝의 선으로 표시한다.

The mat has a diameter of 8 square meters. The center of the mat is marked with a circle 2 meters in diameter. The circle is drawn with a line of 5 cm thickness.

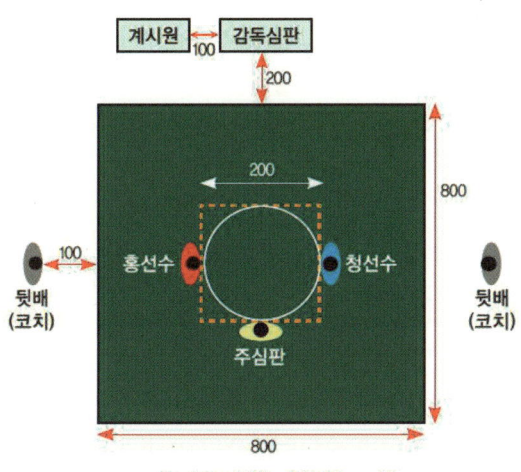

경기장 배치도(단위:cm)

(2) 심판의 위치 / Position of referees

① 주심 : 배심석을 향한 원 둘레의 중앙 지점에 지름 10센티미터의 원점을 표시하여 주심의 위치를 정한다.

② 부심 : 두 명의 부심은 매트의 모서리에 의자를 놓고 대각선으로 앉는다.

③ 배심 : 매트에서 1미터 떨어진 한 변의 중간 지점에 의자와 책상을 놓는다.
④ 계시원 : 배심석 왼쪽 1미터 지점에 위치한다.

① Main referee: Located at a point 10 cm in diameter at the center of the mat, facing the judges
② Sub referee: On chairs in diagonal corners of the mat
③ Judges: Chairs and desk for the judges are located 1 meter away and in line with the center of the mat.
④ Timekeeper: Located 1 meter left of the judges

(3) 선수의 위치 / Position of players

배심석을 마주 보고 원의 중간 지점에서 각각 60센티미터씩 떨어진 위치에 선다. 배심을 향하여 주심이 선 상태에서 오른쪽을 청, 왼쪽을 백으로 정한다.

Each player stands 60 cm from the center of the circle, facing the judges. The player to the main referee's right is Blue, and the opposite player is Red.

(4) 대기 선수의 위치 / Position of waiting players

자기편 선수 쪽으로 매트에서 1미터 떨어져 일렬횡대로 앉는다.
Players waiting their turn sit with their team in a line 1 meter from mat.

(5) 코치(뒷배)의 위치 / Coach's position

대기 선수가 횡대로 앉은 가운데 지점에 의자를 두고 앉는다.
The coach sits on a chair in the middle of his team.

▶ **복장 / Attire**

① 감독심판 : 품계에 따라 규정된 지도자복을 착용한다. 경우에 따라 한복정장을 할 수 있다.
② 주심판 : 주심판은 규정된 황색 철릭의 심판복을 착용한다.
③ 선수 : 선수들은 청색과 적색 선수복을 착용한다.
④ 뒷배 : 뒷배(코치)는 택견지도자복을 착용한다.
⑤ 계시원 : 품계에 따라 규정된 복장을 착용한다.

① Supervisor referee : Taekkyeon clothes according to the rank. allowed Korean clothes.
② Main referee : The referee wears a yellow uniform.
③ Players : Players wear red or green uniforms for competition.
④ Coaches : Coaches wear a special uniform to indicate their status.
⑤ Time keeper : Put on Taekkyeon uniform according to Dan level.

▶ 경기 구분 / Competition Divisions

택견 경기의 형태를 단체전과 개인적으로 구분하고, 이를 남자부, 여자부로 나누고 다시 애기택견, 소년택견, 어른택견의 종별로 나눈다. 어른택견의 경우 고등부, 대학부, 일반부로 세분할 수 있다.
There are two kinds of competition: team and individual. There are divisions for men and women as well as children, boys and adults. There are additional divisions possible for high school and University students.

▶ 체급구분 / Weight Divisions

합리적이고 흥미 있는 경기 운영과 선수의 안전을 위하여 체급별로 구분하여 경기를 할 수 있다.

Competition can be also organized by weight classes to promote reasonable and interesting games as well as the safety of players.

▶ 계체량 / Weight Divisions

계체량 참가팀의 대표자가 입회한 뒤 지정된 장소, 시간에 계체위원에 의하여 경기 시작 1시간 전까지 완료한다.

After the members of participating teams have arrived, the weigh-in is conducted and ends 1 hour before the start of competition.

▶ Competing time / 경기 시간

3분 3회전, 중간 휴식 1분으로 한다. 단체전일 경우 3분 1회전으로 할 수 있다.

Generally, matches consist of 3 rounds lasting 3 minutes each. Rest time between rounds is 1 minute. For team competitions, there can be one 3 minute round.

▶ Referees group / 심판원

심판원은 소정의 심판원 강습을 이수한 자로서 배심 1명, 주심 1명, 부심 2명, 계시원 1명으로 구성한다.

There is 1 main referee, 1 judge, 2 assistant judges who have completed an official referee course, and 1 timekeeper.

▶ 경기 형태 / Type of the competition

경기는 연승전 및 토너먼트전과 리그전으로 한다.

Competitions can be consecutive victory games (in which one player fights successive opponents), league games, or tournament games.

▶ 경기방법 / Competition Method

① 주심의 지시에 따라 두 선수는 정 위치에서 배심석을 향해 경례를 한 다음 선수끼리 마주서서 서로 예를 갖춘다.

② "서거라" 하는 주심의 지시에 따라 두 선수는 한 발을 내딛고 무릎을 짚었다가 즉시 한팔 거리에 넉장다리 원품을 취한다.

③ "섰다" 하는 구령이 떨어지면 청군 쪽에서 먼저 정강이를 밀어 차는 것으로 경기가 시작된다.

④ 양 선수는 서로 공격 가능한 거리 내에 한 발을 내디며 항상 대접(server)의 상태를 유지해야 한다.

① At their specified positions, the two players first bow to the judges when directed by the referee and then bow to each other.

② When the referee says "seogeora" ("ready"), the players step forward with their left feet, bend their knees, and press their hands down on their legs. Next, both players stand in neokjangdari weonpum (upright with their legs and arms open) one arm's-length apart from each other.

③ When the referee says "seotda" ("start"), the blue player pushes the opponent's right knee with his right foot. Then the game begins.

④ The two players should always maintain daejeop (serving) by placing one foot where it can be attacked by the other player.

▶ 승패의 판정방법 / Conditions for Victory

① 손질, 발질로 상대의 무릎 이상의 부분을 바닥에 닿게 하면 이긴다.

② 상대방이 전혀 방어하지 못한 상태에서 발질로 목 이상의 부위를 정확히 공격하였을 때 이긴다.

③ 두 발이 무릎이상 공중에 뜬 상태에서 발질로 상대방을 두 걸음

이상 물러서게 하거나 균형을 현저하게 깨뜨렸을 때 이긴다.

④ 경기가 무승부로 끝나는 경기의 승부방법은 경기방식에 따라 구분된다. 명인전과 고수전 등의 경우, 무승부가 나면 양 선수에게 각각 1회씩의 겻기(벌칙명령) 기회를 제공하고, 겻기 승부에서도 무승부일 경우에는, 본때뵈기(자기가 잘하는 기술을 보여주는 것)에 의한 점수로 승자를 결정한다. 일반 경기의 경우는 겻기와 연장 전 순으로 승부가 날 때까지 계속하여 승부를 가린다.

① A player wins by causing any part of the opponent's body above the knee to touch the ground.

② A player wins by accurately kicking the opponent above the neck.

③ A player wins by a jump kick above knee-level which pushes the opponent back more than two steps.

④ If the competition ends in a draw, deciding the winner differs according to the kind of game. In the case of a championship series, players are the given the chance to do gyeotgi (a penalty match) three times. If there is still no clear winner, players perform bonddaeboegi (a demonstration of skills) for points to decide the final winner. For standard competitions, penalty matches or overtime continue until one player wins.

▶ 반칙 선언 / Fouls

① 대접(serve)을 하지 않을 때

② 타격목적의 수를 사용하였을 때

③ 품위를 잃은 행위, 예의에 어긋한 행위

④ 엄살을 부릴 때

⑤ 상대의 옷을 움켜잡거나 찢었을 때

⑥ 붙잡아 넘기려고 할 때(찬 발을 잡는 경우 제외)

① When a player does not maintain daejeop by keeping one foot forward

② When one kicks an opponent with excessive force

③ When one engages in unsportsmanlike or inappropriate behavior

④ When one pretends to be in pain or injured

⑤ When one grasps or tears an opponent's clothes

⑥ When one grabs the opponent's leg or foot (except in the case of a kick)

▶ 반칙에 대한 벌칙 / Penalties for Fouls

① 반칙의 정도가 가벼울 경우 "주의"를 주며, 승패에는 아무런 영향을 주지 않는다.

② 반칙의 정도가 상대방에게 불리하게 작용하였다고 판단될 때, 심판은 "겻기"의 벌칙을 준다(상대 선수는 벌칙을 받은 선수와 무릎을 맞대어 공

격할 수 있는 벌칙이며, 벌칙을 받은 자는 반격할 수 없고 방어만 할 수 있다).

③ "겻기"의 벌칙이 3회에 해당할 때나, 반칙의 정도가 심하여 상대선수가 경기능력을 잃어 경기속행이 어려울 경우, 또는 경기를 계속할 경우 반칙에 의해 신체기능이 현저하게 불리한 상태가 되었다고 판단되면 "반칙패"를 선언한다.

① The referee can give a player "juui" (a warning) in the case of non-combativity, but this will not affect the outcome of the match.

② When a player commits a major foul, the referee can call for gyeotgi, (a penalty match) in which the player's opponent can attack but the player is only allowed to defend.

③ When a player receives gyeotgi three times, or his opponent cannot continue because of injury due to fouls, the referee can declare a loss by foul.

경기는 경쟁을 통한 인격형성과 조화이다.

 승부의 갈림길에 있는 두 선수가 자신의 기량을 다해 '겨눈다'는 의미 속에는 치열함으로 점철되지만 그 과정을 통한 인격형성이라는 마음공부는 자연의 조화이다.

 거친 흙탕물 속에서 돌끼리 부딪히면서 깨어지고 마모된다고 해서 그 돌 하나하나를 적이나 원수로 생각하지 않는다. 하류에서 비록 크기는 다를지언정 둥글게 해화(諧和)하여 조화롭게 공생한다.

9. 심판 수신호
Referees's Hand Signals

1) 경기진행 / Game in progress

(1) 경기시작 / Starting a Match

① Charyeot / 차렷 → ② Seogeora / 서거라 → Seotda / 섰다

③ 팔을 편 자세로 위로 들며 오른발을 한걸음 뒤로 물러 딛으며 "섰다"라고 구령을 붙인다.

③ Raise your arm straight up, move your right leg one step back, and then loudly say "seotda!"

(2) 시작 전 인사 / Greeting before a Match

차렷 / Charyeot → 경례 / Gyeongnye

④ 선수 출전 후 정면을 본다. (앞을 보고)

⑤ "경례"(선수만 인사한다)

⑥ "마주보고"

⑦ "경례"

④ The players participating in a match face straight ahead.

⑤ "Gyeongnye"

⑥ "Majubogo" ("Face each other")

⑦ "Gyeongnye"

(3) 복장 점검(규정된 복장 점검) / uniform Check

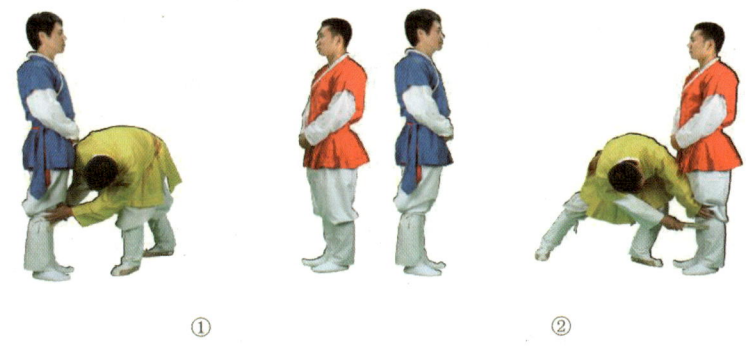

① 청 선수의 복장을 확인한다.

② 홍 선수의 복장을 확인한다.

① Check the blue color player's uniform.

② Check the red color player's uniform.

(4) 경기시작(진행) / Match Start

서거라 / Seogeora → 섰다 / Seotda

① "서거라" 오른발을 앞으로 내딛으며 팔을 펴서 정면으로 부채 끝을 어깨높이로 편다.

② 뒤에 놓인 왼발을 당겨 오른발 옆으로 붙여 선다.(선수가 넉장다리 원품으로 선다.)

③ "섰다"팔을 편 자세로 귀에 가깝게 위로 들며 오른발을 뒤로 한걸음 뺀다. (청선수가 학치 지르기를 한다.)

④ 청, 홍 선수의 오른발이 뒤로 물러 딛는다.

⑤ 주심은 자세를 낮추고, 선수는 왼발을 내딛는다.

① Step forward with your right foot, raise your arm to the front and spread your referee's fan. Loudly say "seogeora!"

② Place the left foot next to the right and stand straight (players should stand in the ready stance with arms and legs open).

③ Raise your arm straight up and move your right foot one step back (the blue player pushes the red player's leg).

④ The blue and red players move their right legs back.

⑤ The referee should lower his or her posture and step forward with the left leg.

(5) 겻기 선언(경기 진행 중) / Calling a Penalty (During a Match)

선수제자리 / Seonsujejari   서거라 / Seogeora → 섰다 / Seotda

① 겻기 판정 후 선수를 마주서게 한다.
② "서거라"오른발을 앞으로 내딛고 팔을 펴서 정면으로 하고 부채 끝을 어깨 높이로 편다(선수는 학치(무릎)를 맞댄다).
③ "섰다"팔을 귀에 가깝게 위로 펴고 오른발을 뒤로 한 걸음 뺀다. ("섰다"라는 주심의 신호보다 선수가 먼저 움직이는 가 살핀다).

① After calling for gyeotgi, have the players stand across from each other.
② Step forward with your right foot and raise your arm to the front while spreading the fan. Loudly say "seogeora!" (players press their shins together).
③ Raise your arm straight up and move your right foot one step back (check if players move earlier than your signal).

2) 반칙 선언 / Calling a Foul

(1) 주의 / "JuUi(Warning)"

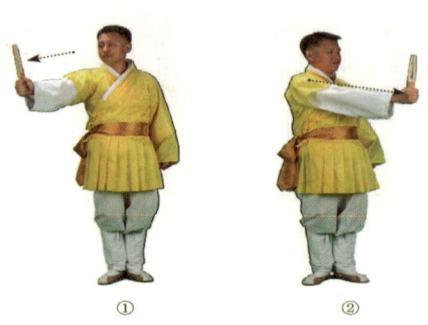

① ②

부채 끝을 위로 향하게 하며 선수를 향해 팔을 쭉 편다. 반칙한 선수를 향해 '주의' 라고만 한다.

Raise your arm to the front while holding the fan straight up. Then say "juui" to the player who committed the foul.

(2) 겻기 / Penalty Match (Gyeotgi)

① ② ③ ④ ⑤ ⑥

① 부채 끝을 청선수의 가슴 쪽으로 가리키며 "청"하고 말한다.

② 부채 끝을 오른쪽 목 방향으로 향하게 하며 팔을 접는다.

③ 부채 끝을 정면 바닥을 향하게 하며 "겻기"라고 한다.

④ 부채 끝은 홍선수의 가슴 쪽을 가리키며 "홍"하고 말한다.

⑤ 부채 끝을 왼쪽 목뒤 방향으로 향하게 하여 팔을 접는다.

⑥ 접은 팔을 펴서 부채 끝을 정면 바닥을 향하게 하여 "겻기"라고 한다.

① Point at the blue player's chest with the fan and say "cheong" ("blue").

② Fold your arm while pointing the end of the fan past your neck.

③ Point the fan in front of you toward the floor and say "gyeotgi."

④ Point at the red player's chest with the fan and say "hong" ("red").

⑤ Fold your arm while pointing the end of the fan past your neck.

⑥ Point the fan straight in front of you toward the floor and say "gyeotgi."

3) 반칙을 표시하는 신호 / Signal to indicate Fouls

(1) 대접을 하지 않을 때 / When a player does not maintain daejeop by keeping one foot forward

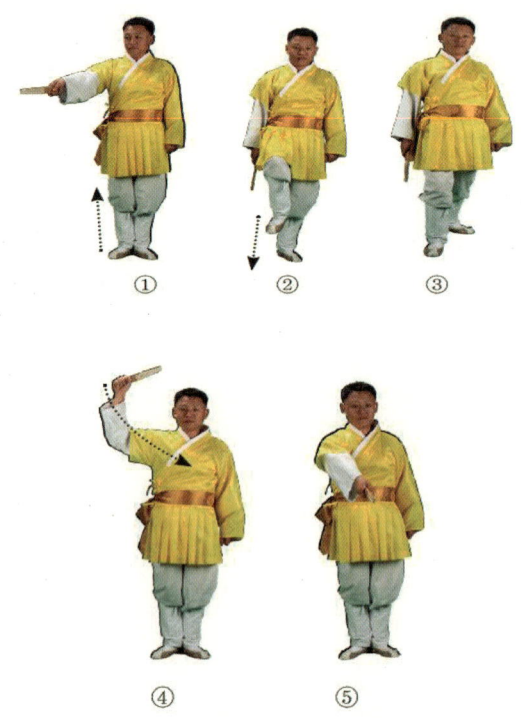

① "청" 하며 부채 끝을 청의 가슴을 가리킨다.
② 오른팔을 접어 올린다.
③ 오른발을 들었다가 앞으로 내딛는다.
④ 내디딘 발을 당겨서 부채 끝을 오른쪽 목 방향에 오도록 팔을 접는다.

⑤ 접은 팔을 펴서 부채 끝을 정면 바닥을 향하며 "겻기"라고 한다.

① Point at the blue player's chest with the fan and say "cheong" ("blue").

② Fold your arm and raise it.

③ Raise your foot and then step forward.

④ Stepping back, fold your arm and raise it.

⑤ Point the fan straight in front of you toward the floor and say "gyeotgi."

(2) 소극적으로 경기를 할 때 / When a player is non-combative

① "청" 하며 부채 끝을 청의 가슴을 가리킨다.
② 어깨 높이로 손바닥을 들어 올려 양팔을 옆으로 벌린다.
③ 손뼉을 치듯이 두 손의 간격을 주먹하나 정도 띄운다.
④ 부채 끝을 오른쪽 목 방향에 오도록 팔을 접는다.
⑤ 접은 팔을 펴서 부채 끝을 정면 바닥을 향하며 "곁기"라고 말한다.

① Point at the blue player's chest with the fan and say "cheong" ("blue").
② Raise your arms to shoulder height with the palms up.
③ Bring the hands to the front in parallel with a fist's space between them.
④ Raise your right arm with the fan pointing inward.
⑤ Point the fan straight in front of you toward the floor and say "gyeotgi."

(3) 타격성 공격을 하였을 때 / When a player kicks an opponent with excessive force

① "청" 하며 부채 끝을 청의 가슴을 가리킨다.

② 무릎을 곱꺾어 올린다.

③ 타격으로 찬다.

④ 부채 끝을 오른쪽 목뒤 방향으로 향하게 하여 팔을 접는다.

⑤ 접은 팔을 펴서 부채 끝을 정면 바닥을 향하게 하여 "겻기"라고 말한다.

① Point at the blue player's chest with the fan and say "cheong" ("blue").

② Bend and raise your right knee.

③ Kick forward with a strong motion.

④ Raise your right arm with the fan pointing inward.

⑤ Point the fan straight in front of you toward the floor and say "gyeotgi."

(4) 붙잡고 넘기려 할 때 / When a player grasps or tears an opponent's clothes

① ② ③ ④ ⑤

① "청" 하며 부채 끝을 청의 가슴을 가리킨다.

② 왼손바닥이 정면을 향하여 앞으로 팔을 편다.

③ 왼손을 움켜쥐고 몸 쪽으로 접는다.

④ 부채 끝을 오른쪽 목뒤 방향으로 향하게 하여 팔을 접는다.

⑤ 접은 팔을 펴서 부채 끝을 정면 바닥을 향하게 하여 "겻기"라고 말한다.

① Point at the blue player's chest with the fan and say "cheong" ("blue").

② Raise your left arm with the palm open and facing forward.

③ Make a fist with your left hand and turn your arm inward.

④ Raise your right arm with the fan pointing inward.

⑤ Point the fan straight in front of you toward the floor and say "gyeotgi."

(5) 엄살을 부릴 때 / When a player pretends to be in pain or injured

① "청" 하며 부채 끝을 청의 가슴을 가리킨다.

② 왼쪽 손바닥을 오른뺨 쪽으로, 오른손은 아랫배 쪽으로 향하며 움추린다.

③ 부채 끝을 오른쪽 목뒤 방향으로 향하게 하여 팔을 접는다.

④ 접은 팔을 펴서 부채 끝을 정면 바닥을 향하게 하여 "겻기"라고 말한다.

① Point at the blue player's chest with the fan and say "cheong" ("blue").

② Cover your right cheek with your left palm and your belly with your right hand.

③ Raise your right arm with the fan pointing inward.

④ Point the fan straight in front of you toward the floor and say "gyeotgi."

(6) 바람직하지 않는 행위를 할 때 / When a player engages in inappropriate behavior

① "청" 하며 부채 끝을 청 쪽을 가리킨다.

② 오른팔과 왼팔을 가슴 높이로 교차한다. 이때 왼팔이 앞으로 오게 한다.

③ 부채 끝을 오른쪽 목뒤 방향으로 향하게 하여 팔을 접는다.

④ 접은 팔을 펴서 부채 끝을 정면 바닥을 향하게 하여 "겻기"라고 말한다.

① Point at the blue player's chest with the fan and say "cheong" ("blue").

② Cross your arms in front of your chest, keeping the left arm in front.

③ Raise your right arm with the fan pointing inward.

④ Point the fan straight in front of you toward the floor and say "gyeotgi."

(7) 겻기에 대한 반칙 / Penalty Match Foul

① 부채 끝을 정면 아래를 가리킨다.

② 팔을 귀 쪽에 붙이고 위쪽을 향해 쭉 편다.

③ 팔을 편 상태에서 좌로 흔든다.

④ 팔을 편 상태에서 우로 흔든다.

① Lower the fan and point toward the ground in front.

② Raise your arm straight up.

③ Keeping your arm raised, turn your body to the left.

④ Keeping your arm raised, turn your body to the right.

4) 승부 판정 / Winner declaration

(1) 청승 / "Chung-Seung" (victory)

① "청" 하며 부채 끝을 청 쪽으로 가리킨다.

② 부채 끝을 왼쪽 목뒤 방향으로 향하게 하여 팔을 접는다.

③ 부채 끝을 청 쪽으로 힘 있게 가리키며, 이때 오른발을 한걸음 내딛으며 "청승" 라고 소리친다.

① Point at the blue player's chest with the fan.

② Raise your right foot and bring the fan around to the left side of your neck.

③ Point at the blue player with the fan with a dynamic motion, step forward with the right foot and loudly say "cheong seung!" ("blue wins!")

(2) 홍승 / "Hong-Seung" (victory)

① "홍"하며 부채 끝을 홍 쪽으로 지목한다.

② 부채 끝을 오른쪽 목뒤 방향으로 향하게 하여 팔을 접는다.

③ 부채 끝을 홍 쪽으로 힘 있게 가리키며, 이때 오른발을 한걸음 내 딛으며 "홍승"라고 소리친다.

① Say "Hong" while pointing at the fan end to the blue player chest.

② Fold your right arm point the at the behind right neck.

③ Point fan high in the direction of the winner's side say "Hong-Seung".

(3) 비김 / "BiGim"(Tie)

① "청" 하며 부채 끝을 청의 가슴을 가리킨다.

② "홍" 하며 부채 끝을 홍의 가슴을 가리킨다.

③ 양팔을 교차한 후 어깨 높이로 팔을 수평이 되게 펴면서 "비김"이라고 한다.

① Point at the blue player's chest with the fan.

② Point at the red player's chest with the fan.

③ Cross your arms and then spread them straight to the side and say "bigim" ("tie").

(4) 쌍방패 / "SsangBangPae" (double Loss)

① "청"하며 부채 끝을 청의 가슴을 가리킨다.

② "홍"하며 부채 끝을 홍의 가슴을 가리킨다.

③ 양팔을 교차한 후 두 팔의 손끝이 바닥을 향하게 비스듬히 내리며 "쌍방패"라고 한다.

① Point at the blue player's chest with the fan.

② Point at the red player's chest with the fan.

③ Cross your arms and then spread them to the side and down and say "ssangbangpae" ("double loss").

(5) 계시 / "GyeSi" (Time Out)

①

부채 끝을 위로 향하게 하고 부채 끝에 왼손바닥을 편 상태로 들어 올리며 "계시"하고 계시원을 바라본다.

Hold the fan straight up, place your left palm flat on top of it, say "gyeshi" ("time out") and look at the timekeeper.

(6) 멈춰 / "MeomChwo"(stop), "그만 / GeuMan"(stop)

①

청, 홍 선수 사이로 뛰어 들어가며 오른발을 크게 내딛으며 부채 끝을 정면으로 향하게 하고 "멈춰" 또는 "그만"이라고 크게 소리친다.

While stepping in between both players, point the fan straight in front and loudly say either "meomcheo" or "geuman."

Bibliography

Kim, Jeongyoon. 2002. *Taegyeon*. Seoul: Barktur Pulisher.

Kim, Yeongman. 2009. Theory of Taekkyeon Sparring. Seoul: Rainbow Books Co. Ltd.

Kim, Yeongman. 2009. Theory and Practice of Taekkyeon Sparring. Seoul: Rainbow Books Co. Ltd.

Kim, Yeongman. 2010. Introduction of Taekkyeon Sparring. Seoul: sanga Co. Ltd.

Kim, Yeongman. 2012. The Scientific Principles of Taekkyeon Techniques. Gyeonggi-do: KSI. Co. Ltd.

Kim. Yeongman., and Jeong, Myong Seob. 2018. The study of the terminology of 'Taekkeyon', a traditional Korean martial art. *The Korea Journal of History for Physical Education, Sports, and Dance*. Vol. 23, No. 2, pp. 43~53.

Kim, Yeongman, Kim, Changu and Lee, Gwangho. 2011. Investigation of the Meaning of the Shout of Concentration in Taekkyeon, *Journal of Korean Alliance of Martial Arts*, Vol.13. No1, pp. 41~57.

Kim, Yeongman., and Oh, Sei-Yi. 2010. A study on the Taekkyon Poombarbgi motion principes. *The Korea Journal of Sports Science*, Vol. 19, No. 1, pp. 231~240.

Kim, Yeongman., and Shim, SungSub. 2011. Comparative study on the hoigeon method of stonegate respiration and the neuncheong movement of Taekkyon. *The Korea Journal of Sports Science*, Vol. 20, No. 3, pp. 181~191.

Kim. Yeongman., and Shim, SungSub. 2013. The Relations between Taekkyon throught "Subak" and "Subakhi". *The Korea Journal of Sports Science*, Vol. 22, No. 2, pp. 31~42.

Kim. Yeongman., and Shim, SungSub. 2014. Records of Taekkyeon Kept by Foreigners in the Late Joseon Period. *The Korea Journal of Sports Science*, Vol. 23, No. 1, pp. 15~27.

Kim. Yeongman., and Shim, SungSub. 2016. The Relationship between Overseas independence movement against Japan and Taekkyeon. *The Korea Journal of Sports Science*, Vol. 25, No. 1, pp. 139~148.

Kim. Yeongman., and Shim, SungSub. 2016. The study on changes in Taekkyeon during the Japanese colonial period and independence patriots. *The Korea Journal of Sports Science*, Vol. 25, No. 2, pp. 1~13.

Korea Taekkyeon Association of Spots for All. 2002. Taekkyeon 3D video. Korea Council of Sport for All.

Shim, SungSub., and Kim. Youngman. 2008. Comparative Analysis between Neuncheong Posture in Taekkyon and Related Movement and Study of Danjeon meaning. *The Korea Journal of Sports Science*, Vol. 17, No. 4, pp. 283~296.

Shim, SungSub,. and Kim. Youngman. 2009. A study on the movement mechanical approach about Taekkyon motion princeples. *The Korea Journal of Sports Science*, Vol. 18, No. 1, pp. 1175~1184.

Stewart Culin. 1895. Korean games with notes on the corresponding games of Chin and Japan. University of Pennsylvania, Philadelphia, USA.

WWW. taekkyonkorea.com.

김영만 박사(무예연구가)

【저서목록】
- 택견겨루기 論(레인보우북스, 2009)
- 택견 겨루기의 이론과 실제(레인보우북스, 2009)
- 택견 겨루기 總輯(상아기획, 2010)
- 택견 기술의 과학적 원리(한국학술정보, 2012)
- 스포츠 택견(애니빅, 2019)
- 한국전통무예에 깃든 정신과 철학(글샘, 2020)
- 택견 근현대사(글샘, 2020)

【저자약력】
- 숭실대학교 생활체육학과 졸업
- 숭실대학교 일반대학원 체육학 석사 졸업
- 숭실대학교 일반대학원 체육학 박사 졸업
- 서울대학교 스포츠과학연구소 Post-Doc 연구원
- 캘리포니아주립대학교 샌버나디노 Post-Doc 연구원
- 스포츠기억문화연구소 선임연구원
- 국기원 객원연구원
- 경희대학교 겸임교수
- 숭실대학교, 용인대학교, 을지대학교, 한국예술종합학교 외래교수

전통스포츠 택견

저자와 협의하여 인지를 생략함

발행일 : 2021년 11월 30일 초판
발행인 : 이 기 철
발행처 : 도서출판 글 샘
주　소 : 서울시 관악구 호암로 582 B01호(신림동, 해동빌딩)
연락처 : 전화 : 02-6338-9423, 010-3771-9423. 팩 스 : 02-6280-9423
등록일 : 2017.08.30. 제2017-000052호
E-mail : gulsam2017@naver.com
파본은 바꿔드립니다. 본서의 무단전제·복제 행위를 금합니다.

정가 : 15,000원　ISBN :979-11-88946-60-0(93690)

「이 도서의 국립중앙도서관 출판시도서목록(CIP)은 서지정보유통지원시스템 홈페이지(http://seoji.nl.go.kr)와 국가자료공동목록시스템(http://www.nl.go.kr/kolisnet)에서 이용하실 수 있습니다.